JN066329

叢書・ウニベルシタス　811

探偵小説の哲学

ジークフリート・クラカウアー
福本義憲 訳

法政大学出版局

Siegfried Kracauer
DER DETEKTIV-ROMAN
Ein philosophischer Traktat

テーオドーア・ヴィーゼングルント‐アドルノ、わが友へ

目次

はじめに 1
圏域 5
心理学 29
ホテルのロビー 39
探偵 55
警察 73
犯罪者 89
変様 99

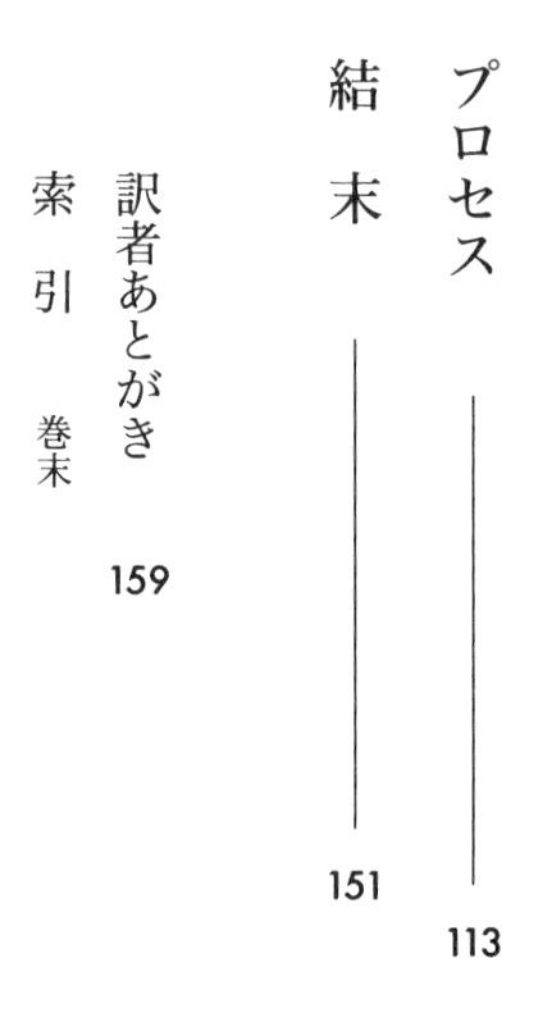

プロセス —— 113
結　末 —— 151
訳者あとがき　159
索　引　巻末

はじめに

　探偵小説は、たいていの教養人にとっては、貸本屋の片隅でかろうじて生きながらえている非文学的なキッチュにすぎなかった。それがいまや、もはや否定することができない地位と意味を獲得するにいたった。同時にまた、探偵小説は明確な輪郭を身につけてきた。すぐれた探偵小説には、かつての冒険小説と騎士小説と英雄伝説とお伽噺の混交物といった面影はもはやない。探偵小説は独自の美学的な手段をもち、独自の世界を徹底して形成する固有のジャンルとなったのだ。この発展に少なからぬ影響をおよぼしたのは、エドガー・アラン・ポオだったといえるだろう。ポオの作品は、探偵という人物像を明晰に形象化したし、知的な戦慄に至当な表現を与えたのだった。ポオの指し示した方向には――ほんのいくつかをあげるならば――コナン・ドイルのシャーロック・ホームズ・シリーズ、ガボリオ〔1〕、スヴェン・エルヴェスタ〔2〕、モーリス・ルブラン〔3〕、パウル・ローゼンハイン〔4〕の作品がある。さらに、アウトサイダーのオットー・ゾイカ〔5〕、フランク・ヘラー〔6〕、ガストン・ルルー〔7〕の諸作品も、個々の点では素材的・美学的にかなりの逸脱があるにせよ、ひとつの意味層と類似の形成法則にしたがっている。これらの作品すべてを結びつけている理念（イデー）がある。探偵小説の存在を証明する理念、探偵小説を創出する理念、それは隈なく合理化され文明化された社会という理念である。この社会を探偵小説は徹底した一次元性で把握し、美学的な屈折を駆使して体現する。文明と称されるこの現実社会のリアルな再現が問題なのではない。このリアリティの知性的な性格を際立たせること、それこそ探偵小説がもともと目指すところなのだ。探偵小説は文明社会に歪んだ鏡像を対置する。文明社会の怪奇な戯画が、その鏡像に映し出されるのである。探偵小説が呈示する鏡像は恐ろしいものだ。それは束縛を解かれた知性が最終勝利を勝ちとった社会の状況である。登場人物と事物がただ外面的に混交し、並存している。味気なく、混乱した印象しか与えない。鏡像は作為的に操作された現実を怪奇な相貌に歪めるからだ。探偵小説において意図されたこの社会の国際性は、探偵小説の国際的な人気に符合している。国が異なっても文明化された社会が相似していることと、探偵小説の構造と主要な内容が、国民性に依存していないこととは呼応している。とはいえ国民性は、それぞれいくぶん異なる味わいを付与している。高度に文明化したアングロサクソン人が、まさに探偵小説の典型を創出し、明確な輪郭を形成したことは、けっして偶然ではあるまい。

訳注

〔1〕エミール・ガボリオ。一八三二〜一八七三年。フランスの探偵小説の創始者。『ルルージュ事件』（一八六六年）のタバレ、『ムッシュー・ルコック』（一八六九年）のルコックが探偵として活躍する。

〔2〕スヴェン・エルヴェスタ。一八八四〜一九三四年。ノルウェイの作家。一九〇七年以降、数多く探偵小説、

ミステリー小説を書いた。主人公アスベルン・クラッグは、ノルウェイのシャーロック・ホームズと呼ばれる。

〔3〕モーリス・ルブラン。一八六四〜一九四一年。フランスの探偵小説家。リュパンを主人公とする『怪盗紳士アルセーヌ・リュパン』(一九〇七年)、『リュパン対ホームズ』(同年)、『奇岩城』(一九一二年)などが有名。

〔4〕パウル・ローゼンハイン。一八七七〜一九二九年。ドイツの探偵小説作家。一九一六年の『ジョー・ジェンキンズの十一の冒険』以降、探偵ジョー・ジェンキンズを主人公とする探偵小説で知られる。

〔5〕オットー・ゾイカ。一八八一〜一九五五年。オーストリアの作家。戯曲、幻想小説のほか、『権力の息子たち』(一九一一年)、『フィリップ・ゾンローの事件簿』(一九二六年)など、多くの探偵小説、ミステリー小説を手がけた。

〔6〕フランク・ヘラー。一八八六〜一九四七年。スウェーデンの作家。本名はグンナー・セールナー。一九一四年に始まるフィリップ・コリンを探偵とするシリーズで知られる。

〔7〕ガストン・ルルー。一八六六〜一九二七年。フランスの作家、ジャーナリスト。『黄色い部屋の秘密』(一九〇七年)、『オペラ座の怪人』(一九一一年)などが有名。

圏域

探偵小説によって区画された社会領域や世界領域は、数多くの領域のひとつにすぎない。この領域は、人間存在のひとつの階梯を表示しているが、さらにその上には、現実の内容に応じて他の階梯がある。探偵小説の呈示する圏域（スフィア）が、解き放たれた合理（ラチオ）[1]によって保証された連関だけを包摂するとすれば、圏域が高ければ高いほど、全的人間——合理（ラチオ）はその一部にすぎない——に与えられる活動の場はそれだけ拡大する。あの高次の圏域、キルケゴールの言うところの「宗教的」な圏域[2]、名がおのずから明らかになる圏域においては、自己自身は最高位の秘密との関係を保持している。この関係性[3]が、自己自身を実存在たらしめるのである。ここでは言葉と行為、存在と形態が境界線上で交じり合っている。ここでは体験は現実であり、認識は人間としての最終的な妥当性をもっている。人間がこの関係性を拒否すれば、現実性[4]を欠落させることになる。だが、関係性を離脱し、その外にあってもなお、高次の圏域に属する事象は厳然と効力を保っている。事象を意図するつもりのない歪曲によって、まさに事象が意図されるのだ。なぜなら、不透明な媒体の中では、事物は水中に潜らせた棒を映す像のように、屈折して見えるからだ。すべての名は、見分けがつかなくなるまでに裁断される。現実性の只中で経験される神は、「下」の領域ではたんなる観念に霧消するか、現実性を欠いた存在物や、空疎な諸関係（レラチオネン）が投げかける影の中に消え失せる。存在者は、無限のプロセスの諸要素へと解体する。関係性の中で聴き取られることは、ここでは直観的な体験のような装いを見せる。この形式のパラドックスを越えて「上」へ向かおうとする努力は、硬直した諸形式の一次元的な努力へと逆転する。したがって、「下」の領域の味気ない認識や振る舞いは、高次の領域にその対応物をもっているのである。そうした対応物がもたらす告知は、非本来的な形式ではあっても、本来的なものを呈示している。歪曲された内容にその対応物が投射されてはじめて、歪曲された内容は透明になる。皮殻を打ち破って、意味を取り出すためには、その戯画が変様を遂げて高次の領域の座標系に現れるまで、変換をつづけなければならない。この座標系の中ではじめて、意義が検証できるからである。変換にあたっては、低い圏域に現れる概念や生の形象物は、たいてい二重の意味をもっていることに注意しなければならない。ひとつには、そこに意図されたことは、それらの概念や形象物によって構成された領域が服する諸条件に順応しているということである。もうひとつには、これらの概念や形象物は――内面への回帰の道はいつでも辿りうるし、かつ決断はいたるところ自由であるので――その圏域には不適切な志向、より高い圏域においてのみ真に妥当な形式化を得るような志向を内包しうるということである。そうした志向が、現実性から離脱した思惟の連関、および生の連関の中に現れるときには、自身を呈示するには適切でない素材を用いざるをえないのである。ということは、非本来的な前提を受け入れたがために生じる歪曲に加えて、非本来的な前提には逆らいながらも、低い領域の表現形式に束縛されているために、適正な形式を得られない歪曲があるということになる。これらの歪曲は、現実の主題に狙いを定めながらも、現実を隠蔽するカテゴリーの助けを借りて、それを占有しようとする。またその一方では、現実をまったく志向しないので、そのために知らず知らずのうちに歪曲してしまう振る舞いもある。──美学的な構成物としての探偵小説は、さまざまな志向を包含する類型的な事象を、共同体──小説の中で徹底して構成された文明社会に比べて、現実の内容がずっと豊かな共同体──の対応する事象に投射することを許すのである。探偵小説の解釈は、翻訳術に喩えられよう。翻訳術には本来、関係性の中にある人間によって直接体験され、語られる唯一者、同一者が、完結した現実性欠如の領域にも（どんなに歪曲されていようと）投射されることを証明する義務があるのだから。

高次の圏域にある共同体──その戯画化された似姿こそ、探偵小説の中に呈示された文明社会であると理解することになるのだが──この共同体を支えているのは、キルケゴールの言うところの、絶対者に対して現実の関わりを保つ全的人間、実存的な人間である。相対性と時間性の超越者である絶対者に対して緊張した関わりをもたず、相対性の中にしかない人間にとって、絶対者が（観念的な）反省の中にしか現れないとすれば、また、神が彼にとって他の対象と変わるところがないとすれば、その人間は実存しているのではなく、（思惟と存在の）同一性幻想にいたる傍観者的な態度、つまり現実性を欠落させた態度をとるであろう。それに対して、実存に生きる者としての人間は緊張〔5〕の中にあり、神性に準拠する被造物であり、超自然との関係を有する自然である。彼の場所は「下」と「上」の中間にある。彼は被造物、原初的なもの、ただ存在するだけの物に関わるが、また、他者にも彼岸の言葉にも神の告知にも関わる。人間が実存の中で「下」と「上」への関与を証するかぎり、彼は現実である。「そのような中間状態が」とキルケゴールは言う。「そもそも存在するということである。この状態こそ、人間のような中間的な存在にふさわしいものである[6]」。

実存的な個人がそうであるように、個人に割り振られた共同体もまた、パラドックス的な状況にある。方向づけられ、緊張しながら、共同体は時間の中を生き、また、永遠性の反照の中を生きる。そして、自然と超自然の間で揺れ動く中間を維持する。この「中間状態」のパラドックスに対応しているのは、共同体がしたがっている「法」の有する両義性である。人間の共同生活は、法が譲歩するかに見え、愛が法を免れた者たちを結びつけるかに見えるほどに、親密なものと考えられるかもしれない。ところが、まさに人間的な領域の中間的地位が、「外」と「下」に譲歩し、法を引きずり降ろすのだ――救済が生じないうちは。法が相対者の王国に属するかぎり、硬直していくものはたえず止揚されなければならない。法が信仰をもって受け取られるかぎり、関連づけるものは不変に有効でなければならない。アナトール・フランスの教訓譚『公正な判事たち』の中で、ふたりの判事が哲学論議を繰り広げる[7]。

首席判事――法は不変である。

次席判事——法はけっして固定していない。
首席判事——神にしたがえば、法は変わらない。
次席判事——社会生活の産物同様、法もこの生の条件に依存している。
首席判事——原初の法は、永遠の知恵によって我々に啓示されたのだ。法というのは、この根源に近ければ近いほどいい。
次席判事——日々、新しいことが起こっていることを知らないのかね。法律と法典が時代によっても、国によっても異なることを。
首席判事——新しい法は、古代の法から生まれてくる。それらは同じ木の若い枝であり、同じ樹液が養っているのだ。

法のみが有効であるとすれば、共同体は存立しえないだろう。なぜなら、自己を絶対化する法の膝元で緊張感はあまりにも早く崩れるからだ。法が妥当しないとすれば、共同体は中間位置から「下」もしくは「上」へと退き、どちらにしても共同体は存立しえないだろう。共同体の構成員には、パラドックス的な課題が課せられる。法によって中間として区画された領域内で、人と人との間に妥当する要請を満たしつつ、同時に人と人との領域を超えていくという課題である。時間に束縛された生の要請を満たしながらも、みずからの超時間的な規定を想起して、同時にこの要請を破棄しなければならないのである。

人間の共同生活の不完全さは、神学によって原罪と捉えられているが、その不完全さのゆえに、法が建立されたのであった。また、その不完全さのゆえに、法の制限を受けて共同生活に箍（たが）がはめられるのだ。共同生活の生物的欲求はあまりに多様であるので、その充足は法によって区画された領域内に限定されなければならない。だが、実存的な緊張になんらかの決着をつけたいのであれば、法は最終的な境界であってはならない。一般に承認された形式の範囲内での共同生活は、むしろ固定した形式を超えた「上」の秘密との関わりを保たなくてはならない。人間の大多数は、法によって囲まれた領域に固定されているので、この秘密とのつながりをつけるのは――社会学的に見て――特別な個人の仕事となる。このつながりが得られるのは、いずれにしても法の力がもはや一律には通用しない地帯（ゾーン）である。それは、違法なものと超法的なものの地帯、危険と秘密を内包する地帯である。法が正しい中間を規定しているならば、法は違法なものを追放しなければならない。それは、法が超法的なものによって排除されるのと同じ関係である。ところが、法の外にある「上」の力と「下」の力は、互いに同盟を結び、法を貫通する通路を切り拓くのである。

その一方で、人間の中間的状態はおのずから、実存的な共同体の全生活がふたつの領域で営まれることを要請する。法が支配する領域と、法が相対化される領域である。このふたつの領域の存在とその機能の配分は、人間の形而上学的な位置づけを表す正確な社会学的表現である。だからこそ、まさにこの圏域の場に分裂が生じるのである。もしふたつの領域がひとつになるとすれば、実存在の必然のみが支配することになるかもしれない。しかし、そこでは分裂は止揚され、正義と恩寵は合一するであろう。正義と恩寵とが区分されるところでは、法の内と法の外における生のパラドックス的な同時存在は、同一の人間の双肩に担われることはない（結局はその双肩にかかるとしても）。このふたつの領域は、各自がどちらも同時に管理しなければならないものであるにしても、異なる審級に割り当てられているからだ。もっとも、結局は全員に属するという条件のもとではあるけれど。一方から他方への流入、そしてこのふたつを結びつける緊密なつながり、これが共同体に実存者としての性格を保証している。この結びつきこそ、人間の中にあって、緊張感のうちに合一されたものを社会的に分離し、かつまた分離されたものを合一するのである。

共同生活の領域は、高次の圏域の共同体にあっては、満たされた領域（ラウム）[9]である。なぜなら、人間はその本質（ヴェーゼン）の部分部分だけではなく、本質全体を有する存在者としてこの領域に参入するからである。方向づけ[10]を与えられることで、人は全的人間となり、その存在特性にもとづいて、関連しあう諸形式の中で現実の生を営むのである。たしかに絶え間ない緊張が法の限界にまで追いつめ、限界を踏み超えさせることもあるとはいえ、生の領域（レーベンスラウム）をしっかりと保護している透明な皮殻を打ち破ることはない。人は人間的な連関の内側に留まっているからである。

この生の領域の外側に、危険と秘密の地帯（ゾーン）がある。パラドックス的な共同生活が、そのパラドックスを克服するために分離されるふたつの地帯のうちのひとつである。中間領域を保護する法によっては遮蔽されないまま、この地帯は、法を破壊するかもしれない「上」の力に限りなく曝されている。共同生活の領域に固執する形象物、この領域を編み上げる諸拘束、それらがこの地帯ではその暫定性をあらわにし、たえず答えを要求する問いを突きつけるのである。秘密を眼前にし、権限を有するこの地帯の管理者たちは、法の充足を超えて突き進み、法の拘束から逃れる。祝福しつつ、呪詛しつつ、変様しつつ、かれらは人間の共同生活をその軌道に保ち、爆発する奇蹟を監視するのである（もっとも奇蹟は監視者を必要としないが）。具体的な状況に応じて、かれらは姿を変える。だが、祭司あるいは修道僧といった歴史的な形象をとるにしても、このさまざまな歴史上の人物たちは、時間を超えた意味を有する同一者を表している。かれらは「上」の使命を司るのであり、同時にまた、共同体の全権者でもある。共同生活の満たされた領域から派遣されたかれらは、つながりをつける仕事を遂行するのである。かれらがその中間的地位を純粋に遵守しえず、「上」から切り離されて根なし草になったカースト、空疎になった生の領域（レーベンスラウム）の内部で自身の権力のみを主張するカーストへと硬直するときには、秘密の地帯は放棄され、共同体は「下」の圏域に陥落する。この仮象と化した者たちから異端者の烙印を押されるであろう者たちが、放棄された地帯に侵入してきて、反逆者たちを呼び戻し、あるいは新たな後継者を生み出す。排斥された者たち、異端者たちは、社会に根をおろした祭司の矯正剤であり、祭司がまさに異端者を要求するのだ。一面的に固定化しているがゆえに、祭司は補足を必要とするからである。実存に生きる共同体の不完全さが、祭司と異端者をともに高みへと引き上げる。祭司である人が、いかに共同生活と深く関わっていようと、共同体の中で共同生活を営むことはない。つながりを生み出す使命が、人間的な関係からの離脱を要請するからである。教会によって聖職者に課せられる独身制は、そうした追放と本質への帰還の外面的なしるしなのだ。

法の中にあって超法的な秘密と関わっている共同体の生活は、存在のパラドックスが続くかぎり、違法の危険に脅かされている。法が両義的であるように、法が記すところの悪の恐怖も両義的であり、また、いまだ調教されず、中間の満たされた領域に侵入しようと狙っている「下」の原初的なものの戦慄も両義的である。この恐怖や戦慄は、つねに問題をはらむ法に問いを突きつける。そして法が、「上」の秘密から離脱すればするほど、ますます秘密はあの暗い、救済されなかった暴力と溶け合い、暴力はついにはその代理人となるのである。この代理人は神性の意図せざる支援者であり、それを抑制する義務をもつ祭司である人は、生の領域の外側の放浪者、流浪者として、この代理人とは親類でもあるので、共同生活が無法の世界に堕落するときには、無法者の特性を身に帯びるのである。この暴力の変様によって、「上」の勝利が成就する。なぜなら、デーモンが打撃を受けてよろめきつつ退場し、悪がみずからの無意味さを知り、そして罪人が改心するとき、共同体は「下」から「上」へと引き上げられ、自然はつながりに合一するからである。

　この最後の目標のために、不透明な、訳のわからない諸力に対する闘いがなされるのは、必ずしも高次の圏域の場とはかぎらない。英雄もまた、共同生活を外側から運命的に脅かす危険、あるいは共同生活の二律背反（アンチノミー）に由来する危険に遭遇する。英雄もまた、生の領域を取り囲む皮殻を突き破る。[11]だが、変様を受けつつ変様させ、和解を受け入れつつ和解させる祭司のような人とは違って、英雄はパラドックスを認めるわけではない。英雄はつながりをつけることもなく、変様も和解もないままに、相対の中での絶対者を主張するのである。英雄が運命に課せられた使命を盲目的に遂行しようと、法を超越する勝利へと理念を導いていこうと、どちらでもかまわない。英雄が存在者として戦う闘いは、存在することの悲劇的な不完全性を否定するのだが、その不完全性が英雄の敗北を肯定し、かつまた否定するのである。――「下」の領域の重みのゆえに、高い圏域における共同体の歴史的な実現は、たいていまた「下」の現実の圏域に向かっていく。「上」の秘密は、原初の諸力の戦慄と溶け合うのだ。自発的な随行を求める祭司の教えと英雄の魔的な運命の力が、さまざまな形象物に姿を変え、この危険地帯には、祭司や英雄とならんで、霊能者、監視者、夢想者たちが立ち現れる。だが、神の言葉を間接的にしか聴き取れない呪い師、魔法使い、妖術師たちは、明確に狙い定めた秘密を呼び出す。それは、人間の領域を（要求するのではなく）脅かすように凝視する秘密である。かれらは、いまだ生じない事柄を予言はするが、それをつながりに関連づけはしない。かれらは宿命を回避はするが、宿命に囚われた人を運命の力で転向させることはしないのである。――方向性のない不安――方向づけられた人間が、本来的に抱く不安とは似ても似つかない不安――が、また冒険者をもこの危険地帯へと駆りたてるのである。危険が運命として冒険者に襲いかかるのではない。使命のためになされるのではないがゆえに、その決定的な意味をもはや失ってしまった冒険、その冒険のゆえに、危険を求めるのである。あまりにも安全となった共同生活の無意味なつながりよりも、冒険者は正しい結びつきのないまま、つながりを欠いた放浪を優先させる。閉塞する生の緊張感のなさに反抗して、彼は「上」への緊張ではなく、外側にある未知のもの、予測不可能なものがもたらす緊張を選ぶ。こうして冒険者は、ただ生きているだけの生を救うべく、解き放たれて生きるのである。秘密と奇蹟は姿を歪め、彼にとって異常な出来事となって現れる。そして冒険者は出来事の瞬間と瞬間の出来事とを取り違えるのだ。[12]――だが戯画化された形象物は、歪曲される前のものを明瞭に反映するし、またこの歪んだ媒体の中にも、悪しき境界の突破に向かう特性、不確実さへの沈潜、人格の投入は残存する。祭司である人から放浪の騎士にいたるまで、これら除外された者たちに共通しているのは、かれらの営為が、人間の共同生活の包囲された領域では行われないということである。かれらは、ひとつに括られた人々のもとでは孤独である。もっとも、包括された人々のだれもが、自己を超えていく生の連関のかなたの出来事に関与しうるのであるが。人々のもとでの隔絶は、それが「上」の秘密との関係にもとづくものであるならば、つながりの表現である。使命の必要に発しないものであるならば、それは見捨てられた状態のしるしである。

実存することとの緊張感には、「上」に向かって解き放たれたいという期待感が含まれる。「人間のような中間存在」がおかれているパラドックス的な状況は、それ自体が中間状態であり、暫定状態であると特徴づけられる。この状態に付与された約束の夢と予感は、高次の圏域において本来の意味を獲得する。この場に割り振られた共同体は、パラドックスを現実として生きる。それゆえに、この共同体にとっては、暫定状態はいずれ過ぎ去るという期待、社会学的に満たされた領域と秘密の地帯とに分裂している存在の二律背反が、最終的に除去されるという期待、そしてまた、緊張感の中で問題をはらむ存在者が緊張感から解き放たれて真の存在者になるという期待は、現実のものである。このメタ悲劇的な結末のゆえにこそ、共同体は存在することの悲劇に耐え抜く。形象物の王国は、王国のかりそめの予示的形象にすぎない。この王国——いたるところにあり、かつどこにもない王国、時間の中にありながら時間を超えている王国——に向かって、実存の現実性は緊張する。それは、超現実的なものとの絶え間ない関連づけによって、たえず問いかけられるのでなければ、非現実なものとなるだろう。もっとも、実存在の現実性がこの問いかけに明確に答え、かつ超現実的なものを実存在に予示的に関連づけることによって、みずからを止揚したとしても、やはり非現実的となろう。そのような止揚が、その規定であり成就であろうとも、人間の側からは把捉することができず、人間の力だけで実現されるものではないからだ。実存の現実性は、むしろ奇蹟そのものであり、出来事の全体性のうちに意図されているのだ。それは「時が満ちる」ときに、ようやく生起するものである。その福音は聖書の言葉のうちに、直接的に告知されているが、メルヘンの中にも、いかにもメルヘンふうの響きを奏でている。判決が満了したのちに、若き王子はしかるべき妻と結婚し、ふたりは王国を平和と至福のうちに支配する。福音はいくえにも歪められた形で、低い領域にも侵入してくる。たとえば、ピエロの郷愁の想いも、機械に向かって戦うチャップリンの滑稽な闘いも、福音が聞き届けられていることの証左なのである。

高次の圏域の共同体は、みずからのパラドックス的な状況について、確固たる意識をもっている。[13] 共同体はこの状況にみずからをおくばかりでなく、それを経験し、名指しさえもする。低次の現実性の圏域においては、(実存的な) 存在特性とともに、実存と本来的な事象についての意識も消失する。

曇らされた感性が、歪曲された出来事の迷路に迷い込み、その歪曲さえも意識しえないからである。

自己を語る能力を喪失し、現実性を欠落させた生に対して、美学的な形象化はある種の言語を付与することができる。というのは、芸術家が無言の仮象をもはや直接には現実性にまで高めえないとしても、芸術家は現実性を欠落させた生の形象化によって緊張する自己を表現するからである。生が深淵に落ち込めば落ち込むほど、生の閉鎖性の封印を打ち破る芸術作品を必要とする。芸術作品は、ただ並存しているだけの諸要素を、しかるべく配置換えして、諸要素に連関をもたせるからだ。美学的な形象化の統一性が、重点を配分し出来事を結びつける方法が、無言の世界をして語らしめ、その世界に呼び出された主題に意味を付与するのである。主題がそのつど何を意味するかは、もちろん翻訳されねばならないし、なによりも主題の創出者の現実性の度合いにも依存している。高い圏域の場においては、芸術家はおのずと了解される現実を肯定するのに対して、低い領域にあっては芸術家の作品は、解き放つ言葉をもたない多様性の告知者となるのである。芸術家の任務は、世界が現実性を欠落させるにしたがってますます増大する。現実性に到達しえない閉じた精神は、ついには芸術家に教育者の役割を押しつける。見るだけではなく観照する人、将来の予測をし、つながりをつける預言者の役割である。そうした過重な負担が芸術家に誤った場を示すことになりかねないにせよ、その要請は理解しうる。なぜなら、本来的なものに触れることのない生は、形象の鏡像に反映する己の姿を認識し、それでもって己の現実からの疎遠さと仮象性を（いかに否定的であろうと）意識することになるからだ。というのも、形象化へと駆り立てる存在特性の力がどんなに微弱であるにしても、この力が、混濁した素材の中に透明化を促す志向を埋め込むからである。

芸術作品にあらずして、探偵小説は現実性の欠落した社会に、[14]その本来の相貌を呈示する。ほかでは、これほど純粋な形で見ることはできないだろう。この社会の代表者たちとその機能が、探偵小説においてみずから証言し、その隠された意味を暴露する。だが、探偵小説が隠蔽された世界をこうした自己露見へと強制できるのは、ひとえに探偵小説がこの世界の制約を受けていないという意識によって生み出されるからだ。この意識に支えられる探偵小説は、まずもって自律的な合理(ラチオ)に支配された、たんなる理念にすぎない社会を徹底して構想し、理念がストーリーと登場人物の中に完全に実現されるまで、理念から得られた出発点を首尾一貫して展開するのである。一次元的で非現実的な様式化が達成されたならば、探偵小説はその存在特性——この存在特性は、〔問いかけを含む〕批判や要請ではなく、美学的な構成原理に転換される——の力を働かせて、構成的な前提をすでに満たしている個別内容を、閉じられた意味連関に編み上げてゆく。このようにひとつに統合されることによって、呈示される事象はようやく解釈が可能になるのである。というのは、美学的な有機体は哲学体系と同じように、文明化された社会の代表者たちにも隠されている全体性を志向するからである。経験された全体的な現実をなんらかの方法で歪曲し、かつそうすることで、現実に対して目を開かせるような全体性である。それゆえに、美学的な全体性に事象を屈服させる手法からしか、事象によって意図されたことを読みとることができないのである。芸術的な存在特性の最小限の営みとは、すなわち、諸々の要素がやみくもに蠢いているだけの崩壊した世界から、ひとつの全体像を形成することである。そしてまた、それがたとえ見せかけだけしかこの世界を反映していないとしても、この世界を全体として把捉し、その諸要素を現実の出来事に写像させることである。探偵小説によって呈示された生がもつ典型的な構造が示唆しているのは、探偵小説を創出する意識がけっして個人的・偶然的なものではないことである。同時にまた、その構造をみれば、形而上学的に核心的な特性が摑み取られていることがわかる。探偵が、人と人との間に埋め込まれた秘密を探り出すように、探偵小説もまた美学的な媒体のうちに、現実性が欠落した社会と実体を欠いた操り人形たちの秘密を探りあてる。探偵小説の構図は、それ自体では把捉しがたい生を、本来的な現実の逆転像に変様させて、翻訳可能にするのである。

　ふたつの条件を想定すれば、探偵小説に表出された社会の構造は、高い圏域の共同体の構造に変換する。まず第一に、パラドックスを意識させる緊張感、法の両義性を生み出す存在の緊張感を排除する。この緊張関係が消え失せるならば、とにかくまずは人間と「上」の秘密の直接的なつながりが除去され、つながりの中で効力をもつ概念が枯渇する。そうなると、現実として体験されるのでも、経験しつつ証言するのでもないままに、つまり非本来的に、人間存在のいつも変わらぬ二律背反が表出されることになるのである。

　もはや方向づけを失った生は、古ぼけた形式の中で増殖を続けるかもしれないし、魔術に身を奉じるかもしれない。あるいはまた、秘密との関係から滑落した心理の装う仮象的な内面に潜り込むかもしれない。もし、さらなる条件として、自律性を自認する合理（ラチオ）の絶対的な支配権の要求が加わらないとすればである。合理（ラチオ）が、コペルニクス的転回のクーデターによって手に入れるこの地位[15]は、探偵小説においては一方的に築かれる。構成的な世界原理に、そして行動の尺度にまで高められて、合理（ラチオ）は探偵小説において意識を内在性に投げ戻すばかりでなく、解き放たれた知性にとって到達可能な相関としての世界を要求する。この知性は、存在することの事実に付随する相対性を免れているので、パラドックス的でない一次元的な表象を獲得する。この表象は、緊張感の中でのみパラドックス的に統合可能な両極の間にあって、ある種の同一性を生み出し、超越を——まだそもそも霧消していないとして——純粋に内在的なカテゴリーを用いて把捉しようと努める。だがまた、この知性は無制限な自律性宣言によって、全的人間としての存在に拘束されないので、その存在を捉えることができない。そして、存在の残留物——その「非合理性」のゆえに、知性の目に触れることはない——の間に関係を組み立てるのだ。その傲慢な支配に服従する社会にとって、自己のパラドックスを理解し、あの超越に関わり、その本来の存在に参入する道は必然的に閉ざされている。緊張感を欠き、現実性を剝ぎ取られた社会にとっては、低い領域しか、居場所がないのである。

　人間のパラドックス的な中間状態が止揚不可能であることを前提とすれば、美学的な形成が鏡像的なモラルとなるこの社会の社会学的な基本図式は、変換に際してこの社会を構成するふたつの条件が考慮されるならば、実存的な共同体の基本図式から、思考実験的に生じてこなければならない。緊張感が弛緩するにつれて、「上」に向かって方向づけられた全的人間と不可分な全体性が瓦解する。そして社会の代表者として断片にすぎない個人が立ち現れる。この個人にとっては、同じ様に解体された、超越との関連を欠くがゆえに二重にいかがわしい世界がパートナーとなる。無言で見知らぬ、暴力をもってのみ形成可能なパートナーである。社会との対話的なつながりの中で約束したことを遂行するのではない。もし万能である知性が、呑み込まれた存在の解明を拒否しなければ、その無限に開かれた広大無辺の心理の中を放浪することも可能であろうが。知性にとって無尽蔵な内面——全的人間の緊張感が弛緩したあと方向性もなく流出する内面——を拒否しつつ、知性は連続を断片的な部分に分割することを望む。そして、この断片の間に合理的な関係を打ちたてるのである。知性の支配のもとで、人間は原子（アトム）あるいは原子群に縮小する。原子たちは、追放された全的人間と交替し、その心理の残留物を点として表出するのである。かれらはいまや、たとえばその意味内容によって選び出されるのではなく、固定した閉鎖的な単位として、なんらかの計算に投入される心理の小片の代表者たちでしかない。こうして、解き放たれた合理（ラチオ）の要請に応じて、もとの全体的存在は、自己充足的で無感覚な部分単位に解体されるのである。部分単位は、せいぜいのところ機能的価値しかもたず、任意の、それでいていつでも計算可能なモザイク模様へと合成することができる。この部分部分を表す個人は、そこにはもはや含意されていない内面性の最後の暗示である。個人は外面そのものであり、たしかに内面を装うこともできようが、事実上それは粉々に砕かれた内面でしかなく、そのつながりを失った原子を、個人は合理的な原理にしたがって混合するのである。

　存在を欠いた点のような個人が相互に行き交うとすれば、全的人間としての緊張した存在が拡大していく場である共同生活の領域は、満たされないままである。存在から行為が生じてくるのではない。

この擬似存在は、〈実存の全体性から〉解き放たれた行為の基点であるにすぎない。解き放たれた状態にあることによって、かれらは合理（ラチオ）に顕示されるのである。行為がまとまりのあるものとして連動して現れ、四方に輝きを放つのではない。全体から切り離された諸要素——行為はこの諸要素に不断に分解するのであるが——が、満たされない虚空を掻き回すのだ。領域を取り囲む形式に阻まれて挫折するのではなく、解き放たれた行為は、法そのものから脱落して生み出される合法的規程という軌道の上を動くのである。法が方向づけられた全体生活をパラドックス的に取り囲む皮殻、とりあえず居住可能な領域を造り出す透明な皮殻であるとすれば、この規程は放棄された世界の中にばら撒かれた無数の点と点を結ぶ鉄道網に似ている。諸規程は、法のもとで実存する人間の共生に当てはまるのではなく、人格も、人格にとって把握可能な意義も表示しない個別表出の進行を規制するのだ。この転換は、解き放たれた知性の影響のもとで起こる。解き放たれた知性は、「上」の領域における人間の倫理的なつながりを、孤立した存在と活動からなる諸要素の合法性そのものにまで気化させてしまわずにはおかない。それどころか、最終的には合法的な行為は、モラルにこだわる残滓までをも喪失し、慣習にまで平板化されてしまう。モラルを欠いた慣習の無差異は、無を指し示すにすぎず、しかも合理（ラチオ）は、この無からすべての差異を汲み出そうとする。実存的・倫理的な存在が、合法的な関係に変様させられるとき、その不安定な存立のゆえに、つねに止揚を要請する法の問題性についての意識もまた、消え失せる。そして残るのは、合法化された活動の緊張感を欠いた自己主張である。そこで認可を受けるのは、内在を超えることなく、せいぜい本来の表出の残滓または歪曲であるような思惟方法、志操、行為である。これらは、共同生活の雰囲気を封印するわけではない。むしろ、ただ個人の名を担っているにすぎず、まさにそれゆえに共同体を欠落させた登場人物の間の交通網としてしか役立たない。この仮象個人のつながりのなさ（本質のなさから生じるものだ）は、境界づけられた共同体としての肉体を形成しえないことと関連している。このような共同体としての肉体は、「上」の領域の言葉が「下」にまで届かなければ、生じないからである。これらの仮象個人たちは、まるで分子のように境界のない砂漠地帯に拡散し、たとえ大都市にすし詰めになっていようとも、けっして共にあるのではない。ただ慣習という軍用道路が、あちらこちらに延びているだけである。

認可された軌道が迷走する空虚な空間の中に、「上」の秘密が転落してきて、見分けがつかないまま、原子と化した危険と混ざり合う——この装置を操る合理（ラチオ）が、秘密を吸収してしまわないとして。中間に位置する、実存的な人間の生の領域（レーベンスラウム）を取り囲む危険地帯の内容物が、開いた毛穴を通過して、登場人物の滞在場所となる荒廃した区域に侵入してくる。そして「超」と「外」と「内」は、みさかいなく「中間」へと転化する——柔軟な隔壁の破壊が進行する。合理（ラチオ）による緊張の除去と傲慢のなせる業である。緊張の除去は、超越を内在領域へ、「上」を「下」へと引きずり降ろし、傲慢は神話の世界と反世界を損壊し、合理（ラチオ）にとって把捉しえない心理的存在を侵食し、風化させる。違法も超法も、すでに合理（ラチオ）によって歪められるか、覆い隠されていないかぎり、その命令にしたがって、ひそかに区別された違法な行動に移行する。この行動は、合理的に把握しうるように、精密に計測された合法的形式と同じほどに固定化され、自己完結的なものである。両方の側で、点状化が生じる。一方では合法的な一連の行為、他方では窃盗や殺人、またその他の空疎な事象であるが、いずれも明瞭に規定しうる出来事である。どちらのグループも互いに無関係であり、二律背反としての帰属を示すものは何もない。この帰属は、緊張の中でのみ開示されるからだ。緊張から解き放たれた、違法の代表者たちは、合法的に行動する人物たちの間の虚空に潜り込む。かれらは、いたるところでこの人物たちに割り振られ、容易に慣習の庇護を受け、保護される。慣習は形式的なものにすぎず、違法者たちにも十分に利用しうるからだ。かれらはあらゆる場での遍在を要請される。なぜなら、かれらの外面が、失われた内面の代理をしているからだ。「上」の圏域にあっては、罪は存在規定であり、危険は外部からの象徴的な脅威であり、秘密は「上」の方から介入してくる。とりあえずの安全を打ち破るものすべては、低い領域においては違法性を体現する者によって、統一的に代表されている。この違法性を体現する者たちが、合理（ラチオ）によって無限に拡大された領域、（精神と感性の）空虚な空間を管理し、規則的な運動を示す原子の間で、自分たちの遊戯（ゲーム）を繰り広げるのである。

　核心的な緊張感が消失するとき、人間が存在することのもつパラドックスは覆い隠されるとしても、意識されないままに存続する。合法的な生活を営む人物たちは、モラルに対する違反の中にも、追放されたモラルが表明されうることを認識しない。殺人はたんに殺人であるだけではなく、人間の最終的な協定が、「上」の秘密によって止揚されることを同時に含意している。このことも、かれらは認識しない。違法であるという事実は、たしかにかれらも否定することはできないし、法的な最終決定のもついかがわしさについても、かれらは意識している。だが、解き放たれた思惟は、歪曲のうちに知覚した緊張現象を一次元的な現象と解釈し、それゆえにそこにあるパラドックスを排除するのである。解き放たれた思惟は、違法なものとは一時的なものであって、完全な合法性に移しかえることができると考えてすませているか、あるいはまた、そのつど効力をもつ合法的な法というものを、一次元的な時間の中でひたすら進行するプロセスの一部分でしかないとみなしているかのどちらかである。前者の場合には、完璧に見える法を優先させて、違法なもの、超法的なものから現実性を剝奪しているし、後者の場合には、より深く見つめながらも、依然として内在に囚われて、そのつど異なって具体化する理念を優先させて、問題をはらむ法から現実性を剝奪している。いずれの場合も、解き放たれた思惟は、法と超法の共生、正義と恩寵の共生を要求する人間的状況を見過ごしている。いずれの場合も、この思惟は人間ひとりによっては生み出すことができない救済を先取りし、深くつながっているふたつの領域の一方または他方から、現実性を奪い取るのである。内面が外面の中に消滅する低い領域の特徴をなしているのは、早々と悲劇に道を譲りながら、経過してゆく時間の中に合法的なものを解体させることではない。むしろ、合法の無制限な主張である。この主張は、規範的な行為のみを肯定する。そのとき、違法なものは粉砕され、合法性の代表者たち――かれらは、盲目的に自身を代表するにすぎない――から、問いかけとしても、要請としても理解されることはない。低い階梯においては、犯罪者もまた同じほどに盲目である。かれらは、違法であるにすぎない行為そのものに合一するのである。

訳注

〔1〕合理（ラチオ）は、合理性（Rationalität）、合理主義（Rationalismus）、合理化（Rationalisierung）などの言葉に現れる合理（ラチオ）を指す。理性と訳されることもあるが、クラカウアーは理性（Vernunft）とは明確に区別して用いている。ラチオとは近代社会において、理性（あるいはその一部）が変様し、増幅したものである。

〔2〕キルケゴールの圏域論（Sphärenlehre）によれば、「生存〔実存〕の領域は三つある。すなわち、審美的領域と倫理的領域と宗教的領域である」（キルケゴール著作集14『人生行路の諸段階』、白水社刊、訳を一部変更）

〔3〕関係性（Beziehung）とは、クラカウアーにとって、生の全体性を形成する共同体に属する存在者としての人間が、最高位の秘密と保つ関係を表している。

〔4〕現実性（Wirklichkeit）とは、関係性を前提として、共同体における人間の直接的な存在様式を表す。ルカーチ（『小説の理論』）の「大叙事文学の時代」が念頭にある。近代社会における孤絶した無名の個人の共在は、この意味で現実性を欠落させている。

〔5〕緊張（Spannung）は、共同体の中で、絶対者を志向する人間の本来的な存在の特性と捉えられている。近代社会は、この意味での緊張を欠落させているが、探偵小説にはこの緊張が変様して、緊張（サスペンス）として保存されている。

〔6〕キルケゴール著作集8『哲学的断片への結びとしての非学問的あとがき、中』では、こう言われている。「実存する者にとって、実存することが彼の最高の関心であり、実存することに関心をもつことが現実性である。……現実性は、思考と存在との抽象的な仮定的統一の間にある中間存在（inter-esse）である」。また、「……現実性とは、われわれがそのなかに現実に生きることによって関心をもつ態度（ただなかにあること）なのである」。

〔7〕アナトール・フランス（一八四四〜一九二四年）。フランスの小説家、批評家。この判事の問答は、ヴァルタ

ー・ベンヤミンの『暴力批判論』（ヴァルター・ベンヤミン著作集1、晶文社刊）の中でも言及されている。
〔8〕つながり（Verknüpfung）は、「聖体拝受」のような宗教的な儀式の含みをもつ所作とされる。最高位の秘密と人間の間に「つながりをつける」仲介者によって、本来的な生が実現する。
〔9〕満たされた領域（erfüllter Raum）とは、存在の全体性（生の意義）を意識しつつ生きる人間の世界を指す。「大叙事文学の時代」を暗示している。近代社会の形式化した空虚な空間と対置されている。
〔10〕方向づけ（ausgerichtet）とは、生の共同体における実存を志向し、それに向かって緊張している人間の状態を指す。
〔11〕ベンヤミンが同時期に書き進めていた『ドイツ悲劇の根源』（法政大学出版局刊）、および『ドイツ哀悼劇の根源』（講談社文芸文庫）の中の悲劇的英雄についての論述を参照。
〔12〕ジンメル著作集7『文化の哲学』（白水社刊）所収の『冒険』を参照。
〔13〕この箇所から、以下に続く三つの段落は、『大衆の装飾』（法政大学出版局刊）に収録された『ホテルのロビー』の冒頭におかれている。ただし、収録に際してクラカウアー自身の手で若干の変更が加えられている。とくにこの箇所の文は、次のように敷衍されている。「神に向かって緊張する、高次の圏域の共同体は、次のことについて確固たる意識をもっている。すなわち、みずからが、時間の中においても永遠においても、また、法の中においても法を超えたところでも、方向づけられて生きているという意識、そしてまた、この共同体が自然と超自然の間に、恒常的に不安定な中間領域を保持しているという意識である」。
〔14〕前掲書所収の『ホテルのロビー』では、この箇所の「現実性の欠落した社会」が「文明化された社会」と変更されている。
〔15〕カント『純粋理性批判』第二版序文参照。

心理学

探偵小説において心理的なものが受ける様式化は、現実性を欠落させた社会が主題であることの証明となる。実存的な共同体を母体として、極限まで絶対化された合理（ラチオ）の手によって生み出された社会である。探偵小説に現れる人間たちは、つながりをもたない心の小片の配置から組み立てられる。そしてこの心の小片たちは、合理（ラチオ）の意のままに構成されたストーリーの進行に、あとから組み込まれるのである。心理的なものは、けっして描写の自己目的ではない。せいぜいのところ、孤立した行為のための応急措置であり、知的な技能の跳躍台にすぎない。たとえば、「天才的」な芸術家が登場するとすれば、その天才性はたんなる事実として名指されるにすぎない。愛、忠誠、嫉妬といった性質は、これといった価値のない標徴であり、こうした標徴から人造人間（ホムンクルス）が仕立てあげられるのである。ここには、ある種の連想的な心理学が支配している。それは全体を部分に根拠づけ、純粋に計算可能な複合体を創造する。この心理学は精神に規定された自己――「上」の秘密との関係を保っている自己――を抹消するだけではない。この自己に発する心理の傍らを通りすぎ、具体的な中間領域に現れる人物の核を抜き取る。内面性――それがどんなにわずかなものであれ――は、合理（ラチオ）にとっては嫌悪すべきものであり、排除されなければならないものである。だから、登場人物たちは案山子に似ていて、自身の行動の結果でしかない。探偵小説が登場人物に悲劇的な決断の能力と、心理的な問題に対する能力を保留するのも当然である。というのは、決断は方向づけられた人間に関わっているし、心理的なものが対象となるところでは、合理（ラチオ）は絶対者としては通用しないからである。情熱が殺人をひき起こし、贖罪を望むとすれば、この情熱は事実を根拠づけるためだけの型紙にすぎない。心理的な特性がはっきりと際立つところがあるとしても、おそらくその特性自体が意図されているわけではないのである。

　実存にいたる道があるかのような、あるいは腐敗した心理が観察の対象であるかのような見せかけをいっさい遮断するために、通俗的な行動連鎖と類型的な心理関係が並べ立てられる。こうした行動や心理は、昔から出回っている硬貨のようにすり減っていて、本来の価値をもたない手段であり、合理（ラチオ）は自分の本来の目的のためにそれを用いるのである。道楽者はだれでも寸分違わないし、娼婦はいつも変わらぬ写し絵である。こうした周知の単位を用いた計算が示すのは、霧消した心理の通俗的な残滓のみが尊重されるということであり、出来事の進行にとっては、心理的なものはどうでもいいのである。なぜなら、この手法の意図は存在を有する個人を完全に排除し、外面的な行為にのみ注意を向けさせることにあるからだ。もちろん、どの圏域でもこの意味において個別が類型へ解体させられるわけではない。人間が実存的なつながりをもつときには、その緊張感によって生み出された「上」と「下」との合致から生じ、超時間的・普遍的なものとして時間の中にパラドックス的に侵入してくる諸規定があるであろう。これらの規定は、相対の中での絶対者を表現するものである。こうした存在論的な固定化は、方向づけられた人間からこの固定化を通して投げかけられる問いを回避しないかぎりは、有効である。この固定化は、一般に受け入れられている意味に呼応する類型的な存在と行為を要求し、そしてまた、均一な実現を要請する法にしたがう。個人が現実的となるのは、この個人が類型を表現し、かつまた証明ずみの真理を体現する場合に限られるのである。たんなる個人が、みずから名であり光であろうとしても、その個人は無でしかない。社会的位階（オルド）がもはや完全には関係性に根付いていないところ、その由来が「上」の言葉からほとんど見捨てられているところであっても、この位階は世俗化された形象物として半死半生のまま存続することがある。個人が類型に近づけられ、同一のものの繰り返しを強制される英国の娯楽小説においては、この伝統は牢固な力を証明している。相対に関わった結果、この位階が瓦解するとき、唯名論が権利を獲得する。そしてこの瓦礫の中から、客体とのつながりを欠いた、自由に目標を追求する人格が立ち現れ、いまやあらゆるリアリティを身に帯びることになるのだ。かれらは、単刀直入に高次の起原から導き出されたか、あるいは自己以外のなにものでもない起原から生じた完全な力によって、自己規定する。みなに与えられた模範を模倣（イミタチオ）するのでなく、自身の展開の一回性によってのみ、存在を証明する。緊張の中で共生している人間と事物は、いまや別々の方向に向かう。正確にいえば、存在事物の客観世界が、主体から解き放たれようと努めるがゆえに、主体は客体の拘束から切り離されるのである。客観世界は、倒壊した家屋の正面——部屋に人が住んでいるかのように見せかける正面——に等しくなる。普遍概念（ウニヴェルザリア）の隔離とともに、普遍概念によって担われていた類型もまた色あせる。この普遍概念と合一することによって、はじめて自己自身を根拠づけるのではなくて、図式となった類型に自身を型打ちさせるとすれば、人格はその現実性を喪失するだけであろう。自身を自由に形成するかぎり、人格は存在する。超時間的普遍性が人格を型打ちするのではない。超時間的普遍性は、人格の機能である。「上」の証明を受けた存在論的な諸規定の残留物だけが、固定化されない主体の領域に影となって残存する。なぜなら、関係性に由来するものはなにひとつとして失われないからだ。位階（オルド）の現実性——緊張の中で問いをはらみ、それゆえ結びつける現実性——は、ここでは抽象的な合法性の（問いをはらまない）普遍妥当性と必然性へと変様する。そして、生を取り囲み、境界づけている社会的な類型は、緊張感を欠いた生の沈殿物である個別表出へと解体する。この自立性にまで高められた硬直現象は、認可された固定化の戯画である。それは「下」を定着させ、かつ純粋な外面の標本集となる。外面から構成された主体は、人格としての性格を欠いているからだ。それとは逆に「上」の領域においては、類型を体現する主体は人格として完成しようとする。それゆえに、崩壊した生の化石から主体を生み出そうとする試みは、原形質を合成して構成しようとする化学者の努力に類似している。探偵小説の否定的存在論が証明するのは、その登場人物たちが形式的な形象物であって、その形象物を動かす鍵をもつのは合理（ラチオ）であるということだけなのだ。

　登場人物である人間が、古臭い固定物を混ぜ合わせて作られるものなので、共同生活に代わって現れる合法的な営為は、慣習的な展開として特徴づけられる。家族のつながりにもとづく家庭が環境（ミリュー）として選ばれ、懐古趣味的に探偵小説に挿入されるとき、おそらく子供たちは両親を偶像のように愛しているとされるだろう。優しいものたちを襲う不幸は、いわれのないものであり、花嫁の幸福は静かな竈（かまど）のもとで開花する。これは現実的でも本来的でもない。しかし、そう語られるし、それにまた、到達できない存在の使い古しの諸規定を繰り返すことによってしか、存在の幻影を呼び出すことはできないのである。じっさい一般的には、作家は探偵小説に等質な環境を措定する。信頼感と安心感を呼び覚ますために、慣習的な振る舞いに終始し、その存在（ザイン）に即して描かれるとはかぎらない人物像の寄せ集めである。たとえば弁護士とか、元将校の領事を使うことができる。というのは、かれらは尊敬される役割を果たし、その役割の遂行は、かれらに端（はな）から秩序だった刻印を付与するからである。外交官の世界も、美学的には共同生活の理想的な戯画である。外交官の世界は代表することをその本領とし、それゆえに判でついたような態度を示唆するだけでこと足りるからである。環境（ミリュー）が名づけのみを必要とすればするほど、また、環境への帰属が切り放された諸事実の典型にもとづいていればいるほど、その環境は空虚な空間でのつながりを標徴（マーク）するのに適している。緊張感の消失したあと、決定的な象徴となった社会的地位と富から環境が生み出されるのであれば、この環境はそれだけ強固なものとなる。モール飾りつきの召使いたちにかしずかれたその貴族生活は、美学的にいえば、アンフエアな振る舞いに対する効果的な対照物となるのである。エチケットは、違法なものに対する垣根の役割を果たす。何百万といる五番街のミスター・ブラウンは、方向づけられた実存を祝福する代用物としては十分に役立つ。もちろん、実存を指し示す意味の代わりを務める形式的な飾り立てが核心的な意味を獲得するにつれて、礼儀正しい態度によって違法行為が偽装される可能性が増大する。別の存在そのものを装うことはできない。それは、慣習的な態度でなければならない。この態度が緊張感を有する存在物の代用となれば、違法行為を行うものは勝ったも同然である。別人になりすますには、自身を顕示する外面のしるしを隠蔽するだけでいいのだ。そして、公的に認知されている環境（ミリュー）を模倣すれば、暴露される恐れはない。人間が全的人間であればあるほど、そのような見せかけは困難になる。だが、解体された人間は、自由に組み立て可能なのである。探偵小説の方法は、犯罪者を慣習の隠れ蓑に包み隠す――しばしばありそうもないほどに――という点で、きわめて一貫している。たしかに慣習は、外面に向けられた世界において相応の共通性をもってはいる。そのかわり、外面のみに尽きるストーリーの構成体として、だれにでも身をまかせなければならない。永遠につづく（パラドックス的な）問題をはらんだ形式――実存的なつながりで結ばれた共同体の形式――と比べて、解き放たれた慣習の明瞭な諸規定にもともと備わっている安心感は、これらの諸規定が存在を指し示すこともなく、ひたすら濫用されることによって、ふたたび止揚されるのだ。慣習を仮面として無制限に使用しうるということは、関係性の中ではなく、むしろその外で自己主張される規則性の皮肉（イローニシュ）な自己反証でしかないのである。

探偵小説の領域において、心理的なものが構成的な意味を喪失するとしても、探偵小説の中で心理学が放棄されることにはならない。むしろ、ある種の心理的な現象を強調することは、影のごときものが錯綜する心理なき領域を特徴づける美学的な手段として役に立つ。この領域から排除されているのは、緊張の中にある人間に呈示されるであろう種々の事象である。さらに、具体的な中間諸層において獲得され、不透明ではあるけれども、なおまだ「上」を指し示す存在を証する実在物もまた排除されている。合理（ラチオ）の世界が啓示の言葉を受けつけず、奇蹟を退けるのと同じように、探偵小説の世界はまた、「下」と「上」の間の王国に棲息し、かつ魔術の力によって呼び出されるデーモンたちをも拒む。なぜなら、この世界に所属しないものは、せいぜい戯画によってしか反映されないからである。それゆえに探偵小説は、どんなに破壊された実存在であっても、その実存在に由来する諸事実と意義内容を自分に関連づけるのだが、それはひとえにその本来の意義を抹殺するためである。つまり、この諸事実と意味内容を、それ自体では無意味な心理の派生物へと貶めるのである。そうやって探偵小説は、それらを仮象の形象物として排除しようと意図するのだ。幻視者は夢遊病者となり、魔術師には暗示力が授けられる。こうして、自然界の異常は、この圏域では沈黙するしかない実在物の根拠へと変換される。その結果でしかない実在物は、追放されていながらも閉じ込められている。もちろん、自然界への還元でもって、ことが終わるわけではない。自然界は完結とか結末とかではなく、絶対的な合理（ラチオ）が必要に応じて措定し、かつ配置換えをする中間項である。超心理学的な内容を裏づける心理状態は、合理（ラチオ）にとって、自分の目的のために利用しうる、議論の余地のない要素となる。それに加えて、合理（ラチオ）の支配が一目瞭然となるように、探偵小説は合理（ラチオ）に――美学的には当然のことであるが――心理的な個々の特性をたっぷりと提供する。これを用いて、合理（ラチオ）は自分の力を試すことができるのである。このような特性は、全的人間という現象――こうした特性によって証明される現象――を示す徴候としての意味をもつような、個人の本質を構成する徴標（メルクマール）ではない。こうした特性は、任意の人工物としての人間の安定した特性であって、いっさいの責任を免れ、心理的な情動として切り離されているのだ。それらは、ある種の状況においてつねに繰り返し現れるか、あるいはまた、ひとつの階層、ひとつの国民、ひとつの職業の行動を特徴づけている。こうした特性が、心理の断片であることにまちがいはないが、この断片は補足を必要としない。むしろ、それらが導入される方法が十分に証明しているように、この心理の断片は自己充足的であり、その機能はストーリーを引き立たせ、かつ知性を稼動させることにある。E・A・ポオの推理短篇小説では、所有者が隠しておきたい手紙をだれの目にも明らかな場所に保管することによって、注意がそらされるのである〔1〕。この方法は人間の特徴づけに役立つのではなく、探偵デュパンにその慧眼を展開させる機会を与えるという目的に奉仕している。こうして、心理学的な規定はいずれも意図的に配置される障害物であり、勝利を宿命づけられた合理（ラチオ）がそれを排除するのである。合理（ラチオ）を体現しているシャーロック・ホームズ、あるいはアスベルン・クラッグ〔2〕がその分析能力を証明することができるように、心理的な要素は未知数の方程式のように配置され、解答はこの擬似ロゴスの代表者たちにゆだねられるのである。この技法は、ヴィルヘルム・ハウフ〔3〕が『ユダヤ人アプナー』においてすでに先取りしていたものである。支配者である知性の引き立て役として、知性からはっきりと区別される背景として、心理的なものが導入されることがある。そのとき、この心理的なものは雰囲気を醸し出す働きをするのである。霧の中を歩むように、この雰囲気の中を潜り抜けて、発見的な演繹法が通路を切り拓いていく。あるいはまた、心理的なものは重苦しい情熱、一見非合理的な形象物へと結晶する。この形象物は、合理（ラチオ）に対して美学的に要求される対蹠物となり、合理（ラチオ）によって最後には克服されるのである。ただ壊滅されるために、そもそもこれらの形象物は措定されるのであり、みずからの賛美のために携行する勝利者の戦利品としてのみ、それらは存在の権利を有する。心理がこの領域にはなく、ここではその断片が思惟によって濫用されるということほど、心理（たましい）の現実性に対するあからさまな嘲笑はない。一方、魂が現実であるところでは、精神が心理を合一に向かって引き上げ、精神と心理（たましい）が結びつくのである。

訳注

〔1〕ポオ『盗まれた手紙』。

〔2〕スヴェン・エルヴェスタの探偵小説の主人公。

〔3〕ヴィルヘルム・ハウフ。一八〇二～一八二七年。ドイツの後期ロマン主義時代の小説家、童話作家。『なにも見なかったユダヤ人アプナー』は『一八二七年童話年鑑』所収。

ホテルのロビー

共同体の現実性とつながりをもつ神殿において、共同体の信徒会衆は神殿の現実性とつながりをつける仕事を執り行う[1]。ここでは、個々人がその仕事をひとりで遂行する必要はない。人間が、神殿という場を根拠づけている関係性から離脱してしまえば、この場には、ただもう装飾的な意味しか残らない。この場が消失するとすれば、まさにそれゆえにこそ、徹底して構成された文明社会は、自身が実存していないことを証する特別な場を所有しているであろう。ちょうど神殿が、現実性とつながりをもつ者たちの証であったように。もっとも、この社会にはそのことが分からない。なぜなら、この社会は自身の圏域を越えて眺望することすらできないからだ[2]。そして、多様なものを形象化によって投射可能にする美学的な構成物だけが、対応物を指し示すことができるのである。探偵小説に繰り返し現れるホテルのロビーの典型的な徴標（メルクマール）を見れば、ホテルのロビーによって神殿の逆転像が意図されていることが判明する。ただし、ふたつの形象物が、領域の規定としてのみ使われるように、十分な一般性をもって理解されることが前提となる[3]。

どちらの場も、人は「客」として訪れる。だが、神殿がそこで出会う者のためになされる礼拝に供されるとすれば、ホテルのロビーはだれの利用にも供される。ただ、そのだれもがだれとも出会わないのである。ロビーは、つねにさがし求められる者をさがしもせず、見出しもせず、それゆえに、いわば領域それ自体——人々を包摂し、この包摂のみがふさわしい空間——の客であるような人々の舞台である。支配人が体現する非人格的な無は、ここでは未知なる者——この御名のもとに、教会会衆たちは集うのだが——に代わって登場する。この教会会衆が、関係性を打ちたてるために御名を呼び、礼拝に没頭するのに対して、ロビーに散在する人々は、このホスト役の無名性をなんの疑問もなく受け入れる。かれらはただもう、関係性を共有しない者たちにすぎない。現実性を現実性の中に追い求めるものたちが、無である場から脱して、みずからの規定へと上昇するのと同じ必然性をもって、かれらは虚空に陥落していくのである。

祈禱と崇拝のために神殿に集う会衆は、共同生活の不完全さのゆえに寄り合うのだが、この不完全さを克服しようとするのではなく、それを記憶に留め、繰り返し緊張へと関係づけようとする。かれらの集会は、共同体の方向づけられた生の瞑想的「集中」であり、合一である。この生は、ふたつの領域に属している。法によって覆われた領域と、法のかなたにある領域である。教会の場で——むろん、そこだけではないが——この区画された流れが合流する。法は破られることなくして、みずから破れるのである。このパラドックス的な分裂は、この場において、その緩やかな連続性がときおり止揚されることによって、自身の正当性を見出す。会衆の教化を通して、共同体はたえず新たに築き直され、日常を超えてゆく高揚が、日常そのものを陥没から守る。共同体をその起原の場にまで帰還させるには、場所的・時間的な制約に服さなければならないこと、また、この帰還が世俗的な共同体からの離脱であり、特別な祭儀において成就されることは、「上」と「下」の間にある人間の、問題をはらむ位置づけを示すしるしであるにすぎない。この位置づけのゆえに、人間は、緊張の中で与えられた、あるいは獲得されたものを自立させ固定させるよう、たえず促されるのである。

　低次の領域は、緊張の欠如によって規定されているので、ホテルのロビーでの共在はなんの意味ももたらさない。たしかに、ここでも日常からの解放が生じる。だが、この解放は、会衆としての共同体がその実存を確保するような結果にはいたらず、登場人物たちをせいぜい非現実的な営為から解き放して、もしこの人物たちが基点以上のものであるとすれば、虚空と遭遇するであろう場に移すにすぎない。ホテルのロビーでは、人は「無と向かい合う（ヴィザヴィドリアン）」のである。ロビーはただの隙間のような空間にすぎない。それは、株式会社の会議室のように、合理（ラチオ）によって措定された目的のひとつ――たとえば、関係性の中で聴き取られた指示をせいぜい隠蔽するだけの目的――に役立つようなものでさえないのだ。だが、ホテルでの滞在が眺望も出口も保証しないとしても、日常に対する底なしの距離を創り出す。この距離が、せいぜい美学的に利用されるだけでしかないとしても。――美学的にというのは、ここでは実存していない人間の規定を意図しているのだが、それは、探偵小説において無実在を関連づけることを可能にする肯定的（ポジティヴ）美学の残留物を指している。自己生成する世界――その合目的性は感じられるが、なんらかの目的の表象と結びつけられることはない世界――に対する無関心な満足感が、あちらこちらになすところなく座っている人々を襲うのである。ここには、カントの美の定義がある意味で実現しているのだが[4]、この実現にとっては、美学的なものを無内容へと隔離することこそ、重要なのだ。というのは、探偵小説において空疎化された諸個人――合理的に構成された複合体として、超越論的主体になぞらえることができる諸個人――にあっては、事実、美学的能力は全的人間としての存在特性から切り離され、純粋に形式的な関係として、現実性から解き放たれるからである。そして、この形式的な関係は自己自身に対しても素材に対しても、同じように無関心なのである。カント自身は、この超越論的主体の凄惨なラストスパートを意識していなかったのかもしれない。なぜなら、カントにとっては超越論的なものは、まだなんの飛躍もなく、前成された主体‐客体‐世界に移行したからである。カントが、美学においても全的人間をけっして放棄していなかったことは、崇高についてのカントの規定によって証明される。彼のこの規定は、道徳も計算に組み込み、そうすることで解体された全体をもういちど組みあげようとしている[5]。ホテルのロビーではもちろん、崇高のかけらもない美学的なものが、この「上」へと志向する意図とはなんら関わりなく表出される。それと同時に、「目的のない合目的性」という美の定義の内容は尽きはてるのだ。ロビーが自身を超えるところを指し示さない空間であるように、ロビーに割り当てられた美学的な状態それ自体が、最終的な境界とされるのである。この境界を突破することは禁じられている。突破を促す緊張が拒まれ、合理(ラチオ)の操り人形たち――人間ではない――が、その多忙な営みから切り離されているかぎりは、突破は許されない。一方、自己を目的とする美学的なものは、根元を断ち切られる。この美学的なものは、本来指し示すべき高次の領域を覆い隠し、自身の虚空のみを意図するからである。カントのあの定義の語義にしたがえば、諸力のたんなる関係（レラチオン）でしかない虚空である。なにも語らない形式的な調和から、美が立ち現れるのは、みずからを奉じるとき、自律を要求するのでなく、自身には妥当しない緊張に合一するときである。人間が形象を超えてみずから方向づけをするときには、美もまた熟することがある。この美は、結果であって目的ではないので、成就した美である。その一方で、美が目的に選ばれ、かつその目的からなんの結果も生じないところでは、空疎な形式が残るのみである。ホテルのロビーも神殿も、いずれの場も、当然の要求を表明する美意識に応えてはいる。しかしながら、美が神殿においてひとつの言語をもち、そしてまたこの言語を用いて自己反証するとすれば、ホテルのロビーでの美は、自身の沈黙に閉じこもり、他者を見出すすべを知らない。上品なクラブ用肱かけ椅子に座ったまま、合理化に方向づけられた文明は死滅するのだが、教会用椅子席の装飾は、そこに啓示の意味を付与する緊張から誕生したのである。そのように、礼拝の表現である賛美歌（コラール）は、メドレー曲へと転化し、その旋律はひたすら空しさへと駆り立てる。そして、瞑想はエロチックな安逸に凝固し、あてどなくさまようのである。

祈禱者たちの平等も、ホテルのロビーにおいては歪んで反映される。信徒会衆が集うとき、人間の間の差異は消える。なぜなら、被造物はただひとつの規定によっているからだ。そして、この規定を定める精神の前で、この精神自身を規定してはいないふたつのものが消え失せる。すなわち、人間によって措定された必然の境界と、そして、自然の働きによる分離が消えるのである。共同生活の暫定状況は、神殿における暫定状況として経験される。罪人は、正しき人——正しき人の安全は、ここにおいて破られるのであるが——と同じく「われわれ」のうちに統合される。すべての人間的なものは、自身の相対を目指すということ、このことが、相対者の平等を創り出すのである。会衆が、どんな尺度をもってしても測りえない唯一者との関係をもつとき、大も小も意味を失い、善も悪も未決定の状態におかれる。質のこのような相対化は、質の混交をもたらすのではなく、質を現実性へと高める。なぜなら、最終者との関係は、その前の事物に動揺を与えるが、壊滅させることはないからだ。平等は肯定的、かつ本質的であり、縮減でも皮相でもない。平等は、差異物——もっとも本来的なるものを救うために、独立した固有存在を放棄しなければならない差異物——の成就である。このもっとも本来的なるものは、神殿において待望され、意図される。それは、人間的な境界線だけが引かれているかぎりは、日影におかれるが、人間が境界それ自体に近づくとき、その差異物を日影におくのである。

ホテルのロビーにおいては、平等は神との関係ではなく、無との関係にもとづいている。ここ——関係性を欠いた空間——では、解き放たれた状態のゆえに、目的にかなった行為の介入は許されない。こうした行為は、自由のための自由、それゆえ緊張の弛緩と無差異の中では消滅するほかない自由、そのような自由を達成するために、括弧に括られるのである。神殿においては、人間の諸差異は暫定性の中に陥落するのであるが、ホテルのロビーでの、最終決定の確実さもたじろぐほどの重大さによって正体を暴かれた、目的のない滞在は、呼びかけも聴き取られないまま、たんなる遊戯（シュピール）となるだけである。そしてこの遊戯（シュピール）が、重大でない日常をまさに重大なものへと格上げするのだ。「社会化の遊戯形式（シュピールフォルム）」という、ジンメルによる「社交」の定義は、まったくもって正当であるが、[6] それだけはたんなる記述を超えるものではない。ホテルのロビーにおいて表出されるのは、人物たちの形式的な一致である。空疎化を意味するが、成就を意味しない平等である。営為から切り離されることで、おそらく「本来的な生」の諸差異からは距離をとることができるだろう。だからといって、あの「上」からの固定化の適用範囲を制限するような、新たな規定に服するわけでもないのである。そうやって、無規定な虚空の中で、なんの救いもないまま「いわゆる社交の一員」——必要もないのに傍らにいて、遊戯（シュピール）が始まると麻痺状態に陥る「社交の一員そのもの」——へと解消される。このような、それ自体すでに非現実的である共在を無効にすることは、現実性に向かって引き上げることにはならず、むしろ「下」の領域への滑落である。そこは、無差異の原子からなる二重に非現実的なごた混ぜであり、この原子から仮象世界が構築されるのである。神殿においては、共同体の担い手としての自覚をもつ被造物が登場するとすれば、ホテルのロビーでは、本質を欠いた基本要素が取り出され、合理的な社会化はこの基本要素に還元されることになる。この要素は無に接近し、抽象的で形式的な普遍概念と類似している。緊張から離脱した思惟は、これらの普遍概念によって世界を理解しようと企てるのである。こうした抽象概念は、関係性の中で受け取られる普遍概念の逆転像である。それらは、把捉しえない所与を「上」の領域での固定化に向かって秩序づけることよって、現実性へと引き上げるのではなく、その可能な内容を奪うのである。それらはまた、方向づけられた全的人間——世界と手を携えつつ、抽象概念に対向して成長する人間——には当てはまらない。それらの抽象概念は、超越論的主体によって措定される。そして、この超越論的主体は、傲慢な世界創造主義によってみずから陥った無力感に、それらの概念を参入させるのである。自由に浮遊する合理（ラチオ）が、自身の相対性をおぼろげに意識しつつ、神や自由や不死といった概念を受け入れるとしても、合理（ラチオ）が見出すのは、同じ響きをもってはいても、けっして実存的な概念ではない。それはまた、定言命法が道徳的な決断から生み出す指示の代用になるものでもないだろう。いずれにしても、これらの概念を体系に織り上げようとする試みは、失われてはいても現実性を拒絶したくないという願望を証明している。もっとも、この現実性を奪い返すことはできないだろう。なぜなら、そもそもがこの現実性からの離脱を宣言した思惟の手段を用いて、この現実性をさがし求めるからである。合理（ラチオ）の孤独が完成するのは、合理（ラチオ）が仮面をはずし、もはや「上」の領域での固定化の擬態ではないような、なんらかの抽象概念の虚空に陥落するときである。そしてまた、合理（ラチオ）が惑乱的な同音概念を断念し、自身の概念化を求めるときである。そうなれば、絶対者として、合理（ラチオ）に残されるのは、いまや公然と認知された無だけである。その無の中で、合理（ラチオ）は「下」から「上」の方に手を伸ばしつつ、自分にはもはや失われた現実性を根拠づけようと努めるのである。緊張の中にある人間にとって、神が被造物の出口でもあり入口でもあるとすれば、完全に自分自身に舞い戻った知性は、このゼロから、豊かな形象物の仮象を創造するのである。ゼロに隣接している、無意味な普遍性——有（なにかあるもの（エトヴァス））の生成に必要なぶんは、無から取り出される——から、知性は世界を獲得しようと意図するのだが、世界は、現実に経験される普遍性から解釈されるとき、はじめて世界となるのである。知性は、多様なものを貫通している諸関係（レラチオネン）を、ゼロからは薄皮一枚で隔てられたエネルギー概念の公分母にまで還元する。あるいは、歴史上の出来事からパラドックスを盗み取り、平板化されたものを一次元的な時間の中の進歩として把握する。あるいは、自身を拒否するかのように装いつつ、非合理的な「生」を存在物(エンティテート)の尊厳にまで高め、そうやって結果的に、全的人間の存在(ザイン)から遊離した残留物を集めて、自身に境界線を引きつつ再占領し、諸圏域を合わせた全域を突破しようとする。現実的なものをここまで極端に還元することから出発するならば、ジンメルの生の哲学が証明するように、「上」の圏域において獲得される事象についての包括的な戯画を得ることができる。「神」とか「精神」とかの言葉から出発してもほぼ同じことだが、こうした把握不可能になったカテゴリーを濫用することよりも、空疎な抽象用語を動員することこそ、関係性から滑落した思惟の事実上の位置づけを明白に告知している。空疎になった概念用語は、ゼロの一様性から差異物を駆り出すのであるが、これらの用語に相当しているのが、ホテルのロビーの訪問者である。かれらは、個人を社会的な仮面の末梢的な平等性の背後に霧消させる。神殿においては、無規定の個別存在は、神の前に立つ人々のあの不可視の平等性――この平等性から、この個別存在はみずからを更新し、かつ規定する――に道を譲るのだが、ロビーの訪問者たちは、みずからフロックコートになり下がることによって、この個別存在を止揚するのである。かれらの会話は、外面だけで出会うために、つまらない対象に漫然と向けられるのであるが、その会話の低俗さは、「下」の領域を指し示す祈禱の反映にほかならない。かれらは、それを無為にやりすごすのである。――ホテルのロビーでも神殿でも、同じように勧告されている静寂の維持もまた、いずれの場でも、人間が本質的に平等であることを示唆している。ホテルのロビーについては、トーマス・マンの『ヴェニスに死す』ではこう語られている。「ロビーには、荘厳な静寂が支配していた。この種の静寂は、大ホテルの名誉心に属している。客の世話をするボーイたちは足音をひそめて行き来していた。聞こえてくるのは、ティーポットの蓋を開け閉めする音と、なかばささやき声の言葉だけだった」。慣習によって命じられた、この無内容な荘厳さは、どこでもそう思われているように、相互の配慮に由来するものではない。それはひとえに、差異の排除に奉仕するものだ。差異化する言葉を無視し、無の前での平等へと強制する静寂である。この平等性のゆえに、ロビーに響きわたる声は人を驚かすのである。ところが神殿においては、沈黙は緊張した自己自身への沈潜であって、人に向けての言葉が取り消されるのは、他の言葉を語らせるためにほかならない。その言葉は、言われるにせよ言われないにせよ、人間を超えたところに向かうのである。

話す人の対話が成立しないので、会衆の構成員たちは名をもたない。かれらは、互いを前にして自分の名を超えていく。なぜなら、まさに名によって表示される経験的な存在物は、祈禱に沈潜しているからである。かれらは、相対的な現存在を有して世界に織り込まれている個別者として、そこでは互いを知らないのである。固有名がその所有者を告知するとき、それと同時に名は、所有者と他の名指された者たちとを分離する。名は明示しつつ、かつまた闇に消えて合一する。愛する者たちが、ふたりを隔てる最後の壁であるかのように、名を破壊するのはいわれのないことではない。名の放棄は、中間領域での中途半端なつながりを終結させる。相互の触れ合いという薄明から脱して、「上」の秘密の夜と光の中に踏み込む者たちの包括的な結びつきを可能にするのである。かれらはいまや、隣にいる人がだれなのかを知らず、かれらにとって隣人がもっとも近しい人となる。というのは、隣人が溶解する現象から、被造物が立ち現れるからだ。その被造物の特性は、その人自身のものである。もちろん、神の前に立つ者たちだけが、互いに互いを知らず、それゆえに互いの中に兄弟を見出すのである。この者たちだけが皮殻から脱して、互いを知らず、名もないままに、互いを愛することができるのだ。人間的なものの境界において、かれらはみずからの名を投げ捨てる。人間のどんな規約よりも純粋に、かれらに妥当する言葉が与えられるように。こうして、形象的なものの相対化が行きつく隠された秘密の場で、かれらは自身の形象を問うのである。名を授ける秘密に向かって開かれることで、神との関係において、互いに透明になる。かくしてかれらは、被造物の共同性を意味する「われわれ」に合一する。この共同性が、固有名に付着する分離と合一を止揚し、かつ根拠づけるのである。

　みずからを接収する者たちの、この境界づけられた「われわれ」は、人間が相対者であるがゆえに、神殿において共同体を代表し、みずからに現実性を付与するのであるが、ホテルのロビーにおいては、無名の原子たちの孤立した状態に転換させられる。ここでは、職業は人物から切り離され、名は空間の中に埋没する。まだ名をもたない集合（メンゲ）としての大衆だけが、合理（ラチオ）の仕事の手がかりになることができる。合理（ラチオ）は、無から世界を創出したいと願っているので、その無の中に、合理（ラチオ）によって個人性を奪われた仮象の諸個人も転落させられるのである。この仮象の諸個人の無名性（インコグニト）は、慣習の軌道の上を意味もなく動き回ること以外には、なんの目的ももたない。だが、無名性の意義が、無でしかない始原の表出と形式的な規則性の呈示に尽きるとすれば、合理（ラチオ）の仕事は、名の狭隘さから解放された者たちのつながりを生み出すことではなくて、互いに出会う者たちから、名によって保証されるかもしれない結びつきの可能性を奪うことなのだ。諸個人の残留物は、緊張感を欠いた涅槃（ニルヴァナ）へと滑落し、その顔は新聞の背後に消失する。人工的な昼夜照明が、マネキンたちを照らし出すばかりである。見知らぬ者たちが行き来する。かれらは、自身を証明する暗証語を失ったために、空疎な形式となり、顔のない亡霊となって、捉えどころなく通りすぎてゆく。たとえかれらが、内面をもっていたとしても、その内面には窓が欠落しているであろうし、会衆のようにみずからの故郷を意識するのではなく、無限の孤絶の意識の中で朽ち果てていくであろう。だが、たんなる外面として、かれらはみずから消え失せ、かれらの間に措定される異郷を悪‐美学的に肯定することによって、自身の非存在（ニヒトザイン）を表現するのだ。表面性の表出はかれらにとって魅力であり、異郷的（エキゾチック）な息吹は快適である。それどころか、かれらは距離のもつ最終的性格に魅せられて、距離感を引きたてるために、近くのものを呼び出して自身を木霊（こだま）させる。かれらの独白者としての想像力は、対面者を玩具のように扱う名称を仮面に貼りつける。交流の可能性を生む束の間の眼差しの交換が許されるのは、その可能性の幻想が、距離の現実感を保証するからにほかならない。神殿においてそうであるように、ここでもまた、無名性が名づけの意義をあらわにするのである。だが、神殿における無名性は緊張を待ち焦がれることであり、それが名づけの暫定性を証明しているのに対して、ホテルのロビーでの無名性は、疑問の余地のない無根拠へと退いている。そして知性は、この無根拠を名づけの源泉にするのである。しかし、「われわれ」

へと合一する呼びかけが聴き取られないところでは、形象から流離した無名のものたちは、もはや回復しがたいまでに、互いに切り離されているのである。

信徒会衆の中に、共同体全体が復活する。というのは、超法的な秘密との直接の関係が、法のパラドックスを開示するからである。法は、神との関わりという事実によって、一時的に停止されることになろう。法は最終的なものの前にある。確かな人を屈服させ、危険に曝されている人を関与させる結びつきが生じるとき、法は退くのである。ホテルのロビーに滞在している、なにも知らない人物たちもまた、社会全体の代表者である。だが代表者が集うのは、この場に超越が顕現するからではない。内在の営為がまだ隠蔽されているからだ。秘密は、人間にみずからを超える方向を示すことなく、仮面たちの間に割り込んでくる。人間的なものの皮殻を貫くのではなく、すべての人間的なものを覆うヴェールとなる。人間を暫定状態が呈示する問いの前に立たせるのではなく、この暫定状態にまで引き上げるべき、問いかけという行為そのものを麻痺させるのである。「そして、またしても証明されることになるのだが」と、スヴェン・エルヴェスタの省察に富んだ探偵小説『死神がホテルに泊る』のある個所で語られる。「そして、またしても証明されることになるのだが、大ホテルとは、それ自体でひとつの世界なのだ。この世界は、通常の世界となんら変わるところがない。ここでは、客たちが気楽で、なんの憂いもない夏の滞在生活を過ごしているが、その足元では奇怪な秘密が蠢いていることをつゆほども知らないのである」。奇怪な秘密――この言葉は皮肉っぽく、かつ両義的である。ひとつには、この言葉は、ごく一般的に生きられる現存在の隠蔽そのものを意味している。もうひとつには、歪曲された「上」の秘密が意図されている。この歪曲された秘密は、安全を脅かす違法な行為を惹起しかねないものである。合法であるにせよ違法であるにせよ、生全体が隠蔽されていること、これがあの言葉の第一の直接的な意味である。このことは、ホテルのロビーにおいて、純粋な内在の中で展開される擬似的生が、その無差異な始原にまで連れ戻されるということを表している。もし秘密が皮殻を破って顕現するならば、次のようなたんなる可能性は、事実性に転化するだろう。つまり、違法なものが無から分離することで、すでにもう「なにかあるもの」(有)が生起しているかもしれない、という可能性である。それゆえに、配慮の行き届いたホテルのマネージャーは、現実の出来事——無を隠蔽している似非美学的な状態を除去するかもしれない出来事——を、客たちには秘匿する。つまりちょうど、「上」の秘密がもはや経験されないとき、秘密に向かおうとする者たちを、法が画定する中間に追い戻すように、「上」の根拠の歪曲である秘密、内在的な生を引き裂こうとする危険の極端な抽象化としての秘密は、人を無意味な始原の凝固した中立性へと追い込むのである。そして、この中立性から、仮象の中間が立ち現れる。この秘密は、解き放たれた合理（ラチオ）に奉仕して、差異物の出没を阻止する。合理（ラチオ）は、慣習を支配者の座に据えることによって、ホテルのロビーに生起する「なにかあるもの」に対する勝利を確保するのである。この諸慣習は、ひどく使い古されているので、それによって保証される所作が、同時に隠蔽する所作にもなる。適法な生に対しても、違法な生に対しても、まったく同じように被覆の役割を果たすのである。なぜなら、この所作は、ありとあらゆる社会に当てはまる空疎な形式であり、なんらかの特定の事柄に向けられるものではなく、ただその無意味さに尽きるからである。

訳注

〔1〕『大衆の装飾』（法政大学出版局刊）に収録された『ホテルのロビー』では、冒頭に〈圏域〉の章の一部が導入部としておかれている。〈圏域〉訳注〔13〕参照。なお、この文は『大衆の装飾』の該当の箇所では、「実存に生きる共同体を前提とする神殿において、共同体の信徒会衆は……」と書き換えられている。

〔2〕前掲書では、この文の「すら」（nur）が削除されているので、「なぜなら、この社会は自分の圏域を超えて眺望することができないからだ」となる。

〔3〕前掲書では、この段落の最後の文は、次のように書き換えられている。「ホテルのロビーは教会の陰画であるが、ホテルのロビーをこの陰画に変換するためには、まずもってさまざまな圏域が服している諸条件を考慮しなければならない。」

〔4〕カントは『判断力批判』において、性質・分量・関係・様相の観点から美を、関心のない満足、概念のない普遍的満足、目的のない合目的性、概念のない必然的満足と定義している。

〔5〕『判断力批判』におけるカントの崇高の定義では、たんに壮大なものとしての自然に限定されず、超感性的な感情を喚起するがゆえに、人間の道徳的能力を前提とする感情とされる。

〔6〕ジンメル『社会学の根本問題』第三章〈社交〉参照。

ホテルのロビーを満たす始原の霧の中から生み出される世界は、美学的な全体性に形象化される。この全体性は、その内容に嵌め込まれる諸制度が、徹底して構成された文明社会が服する諸条件から純粋に導出されるとすれば、一義的であろう。この場合には、探偵小説は美学的な最小限にみずからを限定するであろう。つまり探偵小説は、非現実的な像――美学的な法則にしたがって動かされる登場人物には見ることができない像――を呈示するものであり、そしてまた、構造の連関に織り込まれた事象を、対応する現実の事象に投射することによって、構造連関に織り込まれた事象を解釈することを許すものであろう。ところが、美学的な存在特性は、操り人形の意味でのみ展開していく進行を呈示することだけでは、けっして満足しない。それどころか、経験された現実を直接的に低い領域の仮象世界に持ち込みたいと願うのである。こうして、非現実的なものの呈示は、二重のやり方で現実を歪曲する。ひとつには、この呈示が自身の前提にのみしたがうという意味で、現実の拒否である。もうひとつには、呈示がこの前提に反抗するという意味で、現実の被覆である。つまり、これは美学的な構想全体に関わるプロセスであって、このプロセスは、自身によって意図されるものを意図しないにもかかわらず、非本来的なものに、本来的なものを重ね合わせようとする志向を受け入れるのである。

同一のものが何重にも彩色されることは、現実性から切り離された世界の構成原理である合理（ラチオ）が、さまざまな役割を担って場面を支配していることからも証明される。合理（ラチオ）は、とにかく条件づけるものであって、その上にはなにものも存在しないのである。内在に絡み取られた人間、合理（ラチオ）の被造物である人間は、合理（ラチオ）をそのように捉えている。彼は黙して、合理（ラチオ）が命ずるままに動き回る。というのも、もし彼が問うたとしても、合理（ラチオ）の無意味さには、発端――始まりもしない発端――もないし、結末――終わりもしない結末――もないからである。だが同時に、合理（ラチオ）は条件づけられた相対者でもあり、緊張の中に囚われてもいる。そして、合理（ラチオ）によって虚空に呼び出された登場人物たちは、もう一歩のところで、この虚空を突き抜けて、合理（ラチオ）が離脱してきた現実性を目指していく人間になる。合理（ラチオ）が追放した高次のものすべてが、合理（ラチオ）によって閉ざされている門を叩くのである。合理（ラチオ）は、関係性から生じてくる倫理的なものを代表しつつ、かつ倫理に優越する原理となって、合理（ラチオ）はそのパラドックスを暴露する。もっとも、現実は、みずからを歪みなく名づける言葉を見出しえず、不適合なカテゴリーからなる未知の言葉を用いて、自身を表現しなければならない。その不器用な言葉の中に、現実は歪められてしか反響しない。いずれにせよ、美学的なものの存在特性にもとづいて、現実性を志向する決断は、仮象的な営為の只中でなされるので、低い領域において呈示される事象は、せいぜいのところ高次の圏域の内容の戯画でしかないのだが、その事象には、歪曲の意図を修正し、低い領域に高次の内容そのものを再現したいと願う諸意味が充満している。それは、意図の相互干渉であり、非本来的なものから本来的なものへの軸転回である。この転回が遂行されるとき、その後のすべての遠近法は、先行する遠近法に重なっていく。この転回は、現実性に向かう通路を遮断しているカテゴリーを放棄することを可能にするのだが、この転回によって、探偵小説は超越化されるのである。

　探偵は、合理（ラチオ）の緊張を解かれた代表者として、人物たちの間に横たわる虚空をさまよう。この合理（ラチオ）は、違法なものと対決するのだが、その目的は、この違法なものを合法的な営みもろとも、自身に本来備わっている無差異という無に粉砕することにある。探偵は、合理（ラチオ）に方向づけを付与されるのではなく、合理（ラチオ）の人格化そのものである。探偵は、合理（ラチオ）の被造物として、合理（ラチオ）に命じられたことを果たすのではない。むしろ、合理（ラチオ）そのものが、探偵の非人格において、みずからの使命を遂行するのである。というのは、自身を絶対者として措定する原理とこの人物像とを同一化すること以上にドラスティックに、世界とその条件の間の緊張の消失を、美学的に証明するものはないだろう。神が人間をみずからの似姿に合わせて創造したように、合理（ラチオ）は、探偵という抽象的な幻影に姿を変えて、みずからに命ずるのである。探偵は、合理（ラチオ）を志向することによって、そこに合一するのではない。端（はな）から合理（ラチオ）の代理人である。合理（ラチオ）は自己自身というものを認めないので、仮象世界を自身に関連づけることはできない。だから、探偵の救済行為は、合理（ラチオ）から生じた「なにかあるもの」を解決することである。合理（ラチオ）は、合法性に奉仕するためではないにしても、この「なにかあるもの」を取り戻そうと努めるのである。

この人物像は、擬似ロゴスが自身の課題を克服するために変様したものであり、けっして擬似ロゴスの寓意的表現(アレゴリー)ではない。たしかに、寓意もまた、普遍概念を具象するが、この普遍概念は、関係性の中で経験されたものではないので、存在と象徴能力を喪失し、いまや凝固した偶像として、合理(ラチオ)が固定化する形象の中で存続する運命にある。しかしながら、寓意は転落した現実性が肉化を受けるものである。――現実性を仮象の内に保管する肉化、把捉しようとしても結びつきの中でしか把捉しえないものを、悲しげに似姿や鏡像の中に表出する肉化である。ところが、合理(ラチオ)は、まだ所与である現実を徹底的に空疎化し、自身の非現実的な像とする。同一化の意義は、いずれの場合も異なっている。寓意にあっては、同一化は現実性を救うために、失われた存在論的概念を、人格化によって魔術的に呼び出す。もう一方の同一化は、無意味な普遍概念を人格化することによって、現実性を放棄するのである。主役としての探偵の登場は、脇役たちを紋切り型の表徴の羅列にして表示するのと同じ美学的な様式化の意図に由来しているのだが、その登場によって、自身を創出する世界の非人格化が完成される。なぜなら、人格が登場人物の中で消滅するとき、まさに非人格的なものが、登場人物になるほかないからである。きれいに鬚を剃った顔、その端正な容貌は、知性が刻印されていることを別にすれば、本来の意味を欠落させている。「トレーニングを積んだスポーツマンタイプの体軀、抑制のきいた物腰」(カール・レルプス〔1〕の『闇からの手』――ヨーゼフ・ジンガー出版、ライプツィヒ――と題された探偵小説短篇集の前書きには、そう書かれている)。さらには、目立たない態度、流行とその場に合わせた装い――これが、探偵の典型的な出で立ちである。本質のなさが明白に現れるよう、ファッショナブルな社会に属する人々の擬態を演じる。この人々は、均一な立ち居振る舞いを喜び、自分の欲求よりも慣習に多くしたがう。合理（ラチオ）の代役としての役どころはなんら変わらない。このことは、探偵がどの作家からもひとつの名を授かり、その名が、他のだれにも渡せない暗証名になるという事実によって暴露される。シャーロック・ホームズにせよ、ルルタビーユ[2]にせよ、ジョー・ジェンキンズ[3]にせよ、名は一連のシリーズにおいて、ずっと維持される。そうやって、探偵自身もまた同一でありつづけるのである。

　自律性を求める合理（ラチオ）の要求は、探偵を神そのものの対抗者にまで高める。超越を拒む内在が超越の後釜に座るのである。探偵に全知と遍在の仮象が付与され、そしてまた、摂理としての探偵が事件を阻止し、あるいは解決に導いて賞賛されるのは、そうした歪曲の美学的な表現である。だが、探偵は、その形象の完全さとか、その存在（ヴェーゼン）の不思議な力とかいった、擬古的な意味において神なのではない。探偵が人物像の謎を解き、知的な推論によってすべての本質的な特性を服従させることが、探偵を支配者にするのである。探偵小説は、目の眩んだ合理（ラチオ）には見ることができないものを、容赦なく暴露する。つまり、合理（ラチオ）の思いあがった神性が、現実ではいかに役に立たないかを明らかにするのだ。というのは、合理（ラチオ）は探偵の扮装をして、既定の単位を使って計算するからだ。比類のない存在者を生み出すわけではない。人間を変様させ、かつ考量するのではなく、擬似人間を既製品として、なんのためらいもなく受け入れる。合理（ラチオ）は、その運動法則を知悉し、そして使いこなす。そして、自身とは関わりのないゲームの進行を指揮する。運命の進展を通して、自身を表現することもない。この探偵＝神は、神が見捨て、それゆえに本来的ではない世界における神である。彼は本質の欠如したものを支配し、担い手をもたない機能を監督する。現実においては、この神さまごっこには終焉がくるだろうし、合理（ラチオ）は、強奪でしかない仮象の権力を失うだろう。そして探偵は、ラプラス流[4]の精神の零落した子孫であることが明らかにされるだろうが、けっして神の子としてではあるまい。

じっさいのところ、神であることは探偵の主要な仕事ではない。低い領域を美学的に表出するためには、この領域での神権の簒奪によるほかない。それ以外には、この圏域の構成原理の人格化に、超越のみにふさわしい属性を付与することができないのである。また、高次の圏域に対応物をもちえない人物像を創造することもできない。なぜなら、圏域が高くなればなるほど、神の実在性（リアリティ）がますます強力になり、ますます際立って拡大するからである。神の実在性が認識されないところでは、むろんうわべを装い、仮面をかぶって、それらしく見せかけなければならない。というのも、非現実的なものの意に反して、現実的なものの力が強いからである。こうして神の実在性は、合理（ラチオ）の代理人に、つまりは、あの不透明な領域における最高位の人形にまで圧縮されて、人々の営みの中でみずからの戯画となる。そしてこの戯画は、隙間に潜り込み、空いている場所をうわべだけ埋めるのである。

合理（ラチオ）が棲みつく人物像は、この極端な、担いえない意味とはまた別の意味――もし現実の呈示ということになれば、リアルに具現されなければならないであろう意味――を引き受ける。探偵が、徹底的に合理化された社会において、絶対的な原理の代表者であるとすれば、同時にまた彼は、法の境界の場で、もしくは境界を超えたところで、絶対者との関係性を生み出す形象物に相当しうる唯一可能なものである。探偵は、歪曲された絶対者を人格化しているので、絶対者との関係を保つ人格を歪曲しなければならない。還俗した祭司として、彼は犯罪者たちの懺悔——彼の伝記作者以外のだれにも知りえない懺悔——を聴聞し、秘密の共有者となる。彼は秘密を守るすべを心得ているが、彼の中では秘密は守られない。彼が告白を聴くのは、正義への奉仕のためでも、免罪を与える仲介者の役割としてでもない。むしろ、供物を占有し、もうだれにも渡さない合理（ラチオ）の自己賛美のためである。合理（ラチオ）を誉め称えるために、探偵はホテルのロビーにおいて、みずからミサを執り行う。そのミサは、黒ミサよりもさらに幽霊じみている。なにしろ、悪魔の存在さえも否定する無差異を崇拝するからである。きわめて特徴的なことだが、この秘儀行為が、世俗的なロビーにおいて首尾よく執行されるためには、大衆の目から覆い隠されていなければならない。大衆を「なにかあるもの」の悪意から救済することこそ、その意義であるからだ。しかも、合理（ラチオ）の行為としての秘儀には参列者がいないので、この場でひそかに矛盾する事実が破棄されなければならない。チェスタトンの小説『ブラウン神父の童心』では、じっさいに探偵が祭司に変身し、それによって、探偵が低い領域における代理人であることが暴露される。合理的な分析の矛盾が明らかにされ、人間的な事柄についての理解は、非人間化した純粋論理よりも、祭司の方がはるかにすぐれていることが示されるのである。——修道僧の性質も、探偵に付与される。僧房に分離された者と同じく、探偵もまた孤独に瞑想に耽るのである。不可欠のパイプだけを手にしているのだが、そのパイプが世の営みからの隔絶を美学的に告知している。しかし、探偵にあっては、厳格な孤絶は合理（ラチオ）が自身に到達するための戒律であるのだが、僧院においては、それは他者へいたる沈思の手段である。すべての人間的・経験的なものを払いのけて、精神を集中させる人、そしてまた、人間的なもののいっさいを抑制する信仰の人。このふたりを、静かな小部屋が包み込む。なぜなら、ふたりは、異なる圏域において同じ使命を果たすために、孤独を必要とするからである。――使命の遂行ということが、探偵を修道僧の戯画にするだけではない。探偵はまた、英雄の対抗者ともなる。どのような状況においても、確たる真理を主張する合理（ラチオ）の英雄である。とはいっても、探偵が演じるそのような役割は、英雄の見せかけにすぎない。というのも、探偵は相対の世界の中で闘って、不確かな絶対者を獲得するのではない。みずから絶対者として闘うのである。したがって、探偵は相対性に服従してはいないので、不可避の挫折へと宿命づける悲劇的な葛藤に陥ることもない。むしろ、勝利はアプリオリに探偵のものであり、それゆえ、その英雄主義は、真の英雄主義の誤解にすぎないのである。真の英雄主義は、相対者をパラドックスから最終的に解放する死によってのみ、確定されるからである。英雄が英雄であるのは、死ぬことができるからである。それに対して、合理（ラチオ）はいつまでも英雄的に振る舞わなければならないので、探偵は死んではいけないのである。――たとえ探偵が死んだとしても、その死は偶然にすぎないだろう（その偶然は、たとえば作家の想像力の麻痺に理由があるかもしれない）。それは、英雄としての最終保証とはならない。いかに毅然として立ち向かおうとも、いかに「恐怖も非難も恐れず（サンピュール・エ・サンルプロシュ）」果敢に犯人を追求しようとも、こうした英雄的な特性は、運命から放免された者のお飾りにすぎず、この人物像の現実における対応物のすべてを可視化しようとする美学的な意図の産物にすぎないのだ。――まさにそれゆえ、この美学的意図は、探偵をけっして魔術師としては登場させないし、魔力を付与したり、悪魔祓いや降霊術といった妖術を駆使する師匠に装わせたりしないのである。だから、魔術が圏域のフィルターを透過するのは容易なことではない。魔術の否定は、合理的なプロセスであり、このプロセスに向かって、低い諸領域では呪術の形象物にせよ、他のなんにせよ、魔力を奪われるのである。このプロセスの中に消えていった魔術的なものが、重大性を帯びることなく、それでもなお散見されるように、探偵小説はそれに仮象の役割を割り当てる。とんがり帽子をかぶり、星をちりばめたマントに身を包んだ、奇蹟を行う人。探偵がこのような印象を大衆に対して与えるように仕組まれるのである。そして、探偵自身は秘密の文字を読みとく人であるかのように振る舞う。魔術的なものは、ここではジョークに格下げされ、神殿の前庭の教義にまで貶められる。その教義は外側の人々にはこと足りるだろうが、内側の人々は引き裂かれた魔術のヴェールを通って、合理（ラチオ）の奥義へと突き進むのである。転回は完璧である。拘束から解き放たれた知性の公然たる秘密は、秘教的な尊厳を帯びる。なぜなら、世界原理としての知性は、秘密を魔術の形で代理することにもなるからだ。そして、秘密は自身の管理者たちから献納を要求する。しかし、魔力そのものは、この知性によって内実を奪われ、愚にもつかぬ呪術、滑稽さの一歩手前で放棄されるこけおどしへと転落する。それはいわば、正統な王を玉座につけることなく、偽の支配者の権力を奪う簒奪である。なぜなら、魔術は神的なものの先取りであるが、問いかけを逃れるとき、眩惑（まやかし）へと堕落するからである。そして、その傲慢を打ち砕く合理（ラチオ）は、形象物を超えた場を指し示す精神——聖書の寓意的解釈の中に生きている精神——なのではない。それどころか、理性の女神でさえもない。理性の女神は、自身の由来を明かすことを拒みながらも、心ならずも明かしてしまうからだ。——合理（ラチオ）は、結局のところ、虚空を舞う思惟である。この思惟は、自身の世俗的な空虚しか意図しない。魔術を敵対視することによって、この思惟は同時に家族不和を引き起こす。知性と魔術は、いずれも緊張を解かれた認識を前提としている。ただ、魔術が認識の真無限を悪有限へと変様させるのに対して、知性は真有限の拘束から逃れて悪無限[5]を志向するのである。——それゆえに、この思惟の人格化は結局、流れ行く時間を踏破しつつ、いつまでもみずからを最終者に関係づけえない冒険者のまがい物となる。冒険者が、さがさずとも容易に見出しうる瞬間をさがすように、探偵は合理（ラチオ）の冒険を、まさに冒険であるがゆえに追い求め、結局は見出せないのである。冒険者の飽くなき貪欲さ、冒険者の絶えざる希望と絶えざる失望。それは、探偵には未知のものである。探偵は、失われたものを獲得せんがために、無限の荒野をさまようのではないからだ。むしろ「事件」の方が、彼に向かって歩み寄ってくる。あるいは、彼に割り当てられるのである。事件の無限の連続以外に、彼が求めるものはなにもない。課題から課題へと渡り歩きつつ、探偵が呈示するのは、合理（ラチオ）の「プログレス・アド・インフィニトゥム」（無限進行）にほかならない。このプロセスは、歪曲された無限の中で、ようやく課題の解決にいたるのである。探偵は、もし心理が彼を受け入れるとすれば、心理に対して精神集中のみを要求する客観的なプロセスの担い手である。彼は、事件の合間に休息が生じれば、心理をふたたび弛緩の状態に沈潜させる。失望が姿を変えるこの弛緩こそ、心理の唯一の生の証なのだ。このことは、心理が実存在としては措定されていないことを証明するにすぎない。というのも、登場人物が活動の状態にあるときには、心理(たましい)はそもそも存在しないからである。心理の分断は完璧なので、心理が自身の弛緩状態を理由に冒険の中断を要求する権利さえも保有しない。むしろ、心理が弛緩させられたと感じるのは、合理(ラチオ)の行動がみずから終了するときだけである。探偵の受動性とは違って、冒険者はことが起こるのを待ってはいない。ことを引き起こさせ、そのつど、自己実現を期待する。手をこまねいて傍観してはいない。冒険者は支えをもたないので、止まることができないのだ。だが、彼が次々と体験を重ねるとすれば、それは意に反してか、それとも、体験そのものを無限に欲する反逆心によるものだ。なぜなら、自身の無限性から救われないとなれば、生を汲み尽くすほかないからだ。時間を貫いて冒険者を駆りたてるのは、みずから放棄した主観性なのである。ところが探偵は、時間の中で空しく自己実現を欲する合理(ラチオ)の客観的な命令を果たすために、はてしなくどこまでも引きずられていくのである。

　探偵は、共同生活の外側にあるという点で、法に包囲された現存在を超法的な秘密に関係づける形象物たちと運命を共にする。絶対者とのつながりをもたないとはいえ、探偵は絶対者を人格化しているのである。この同一性――圏域を構成する原理との同一性――によって、彼は原理に服従する営為への関与を免れているのだ。探偵小説は、探偵を独身者へと宿命づけることによって、その隔絶を美学的に表出している。カトリックの神父のように、探偵は独身生活という例外的な状況を生きている。せいぜいのところ、家政婦の世話になるぐらいだが、性的欲望が欠如しているので、洗濯物を片付け、豪華な食事とトランクの用意をするだけでいい。――もちろん、そもそも家政婦なるものがいるとしての話だが。つまり、召使いがいることで、人間との結びつきのなさをもっとはっきりと証拠だてていないことを前提としてだが。というのは、探偵の独身主義は高次のもののゆえの断念から生じたものではなく、アプリオリの独身主義であるからだ。それは、みずからを普遍的基準に任命したために、順応ということを知らない合理（ラチオ）の状況を呈示しているのである。神的であることなくして、しかも人間的ではない。ラスク[6]が「非感性的なもの」と名づけている王国の女王である合理（ラチオ）は、要するに欲望をもたない者、関連性をもたない者であり、神的人格のように「下」に目を向けることもないし、「上」に向かって緊張することもない。ただ、充足に達することのないプロセスとして、成就するだけである。それゆえに探偵は、性的でも非性的でもない「中性」として把握される。刺激を受けつけない「それ（エス）」であり、その「中性」性は知性の客観性から説明される。知性は、無に根拠をもつがゆえに、なにものにも影響されないからである。その人格化が美学的に把握可能なものになるよう、とりわけアングロサクソン系の探偵小説ではそこにピューリタン的な特性が付与され、内面世界的な禁欲の模範とされる。この禁欲の修練は、世界にあって世界を無差異な対象とし、完全に事柄の中に隔離する。だが、探偵の解き放たれた状態は、禁欲的な形象物の運命予定的信仰心に由来するのではない。こうした形象物——探偵——が導入されるのは、中間の諸領域において、その形象物が擬態する現象を理解させるためであり、またそうすることで、その現象学を実践的・経験的に基礎づけるためにすぎない。ただ、この現象学は、理論的には解き放たれた合理（ラチオ）にまで遡ることによってのみ、ようやく獲得しうるであろう——美学的な構成物にとっては、実現しがたい企てではあるが。まさにこのような努力から、探偵の振る舞いを解釈する方法がしばしば試みられる。これは、探偵の合理性を心理学的に基礎づけ、その非現実性を現実性へと超越させる方法である。レオ・ペルッツ[7]の『最後の審判のマイスター』（アルベルト・ランゲ出版、ミュンヘン）では——最初から心理学的な装いを見せているのだが——アマチュア探偵として技師、ゾルグループが登場する。彼の人間的な結びつきからの隔絶は、もはや消すことのできない、恐ろしい戦争の記憶にもとづく内面の凍結状態に帰せられる。ガストン・ルルーの探偵像、ルルタビーユがその孤独な職業に追い込まれたのは、彼が母親を知らないからである。ガボリオの細心に彫琢された小説『ルルージュ事件[8]』において、慧眼のタバレは、なぜ彼がみずからの意志で秘密捜査員になったのかという予審判事の問いに、こう答えている。「ええ、それは一言では言えませんね。たぶん、苦悩や孤独からか、もしかしたら、退屈からかもしれません。私はいつでも幸せであったというわけではありません。いまでこそ、まあかなりの資産家といえますが、四五歳までは、欠乏しか知りませんでした。すべてを諦めなければなりませんでした……」。どこを見ても、説明不可能な現象を正当化しようとする試みがある。美学的な被造物を生み出す存在特性は、あの「上」の圏域には侵入できない。そしてまた、あの領域においてしか見出せない形象を被覆する仮面が、探偵であると理解すべきなのだ——唯一、先に述べたチェスタトンの小説が、探偵の中に祭司を見出している——。それゆえに、探偵という人物像に付与される特性は内在的・心理的に解釈され、ある種の人間性を表出する方法にまで高められるのである。もっとも、この人間性にしても、すでに真の人間性を歪曲しているのであるが。意図したことをそのまま語り出そうとするとき、諸現象は「空間的時間（タン・エスパス）」から「継起的時間（タン・デュレ）」へと超越化される。探偵のアプリオリな孤絶は、体験の時間の中でのある出来事の結果となる。この出来事が彼を心理的に断絶するのである。探偵の純潔性は孤独であり、その論理的手法は懐疑にもとづいている。擬似ロゴスは、心理的な断絶のもつ相対的条件の中にふたたび埋め込まれる。ただ、心理的な出来事は、合理（ラチオ）と同様、最終のものではない。それは、関係性への統合によってのみ規定されるのであり、この関係性から限界と秩序を受け取るのである。心理的な出来事を根拠とする非合理主義は、たしかに合理（ラチオ）を全体的な諸連関に包み込むが、同時にまたこの諸連関を歪曲する。なぜなら、非合理主義は合理主義の一次元性になおも与しているからだ。合理的・論理的なものは、おそらく自律的なものではなく、ここでは心理的なものの派生物へと変様する。あるいは、ジンメルが述べているように、心理的なものに向きを変える生、その結果心理的なものに支配される生の、時間的な現象へと変様する。――いずれにしても、合理的・論理的なものは支えとはならない心理的な根拠から派生している。そのように変様した派生が正当であるのは、心理的な派生が合理的・論理的なものを基礎づけ、その独立性を消去する場合に限られる。だが、探偵の人物像によって意図されているのは、心理的に断絶した現存在ではない。この生は、その内在的な出来事によって、自身の起原へ向かう方向づけを拒まざるをえなくなり、そのために、合理（ラチオ）に奉仕しながら、自己否定によって凍結しているのである。――むしろ、探偵の人物像が隠蔽しているのは、秘密との関係性をもつ者、秘密とのつながりをつけるために満たされた領域の生から離脱しようとする者の形象である。心理的なものへの超越化は、中途半端に終わる。それは、人物像に魂を吹き込みはするが、この魂にみずからを超える緊張を与えることはないのである。

孤児となった探偵ではあるが、同伴者との親しい交流は認められている。シャーロック・ホームズには、同じ資格ではないにしても、彼に忠誠を守る医師、ワトスン博士という味方がいるし、ホームズのひそみにならって、他の高名な探偵たちの周りにも、信頼できる知人がいる。しかしながら、このステレオタイプな同伴者たちは、けっして先生を世の営みに巻き込む友人の役割を演じたりはしない。お手本となるワトスンは、いろいろな点で典型的なのだが、とにかく演繹推理の最終結果が公表されるためには、それを知る人がいなければならぬということで、まずもってその登場が正当化されるのである。たとえ伝記作者という目的のための登場は断念しうるとしても、それはそれでやはり、探偵自身には自伝を伝授する能力が欠如していることを、雄弁に物語っている。詩人が守護している英雄譚の英雄にしても、事情は同じである。もっとも、いずれも異なる理由からであるが。というのも、英雄が沈黙するのは、運命と語るためであるが、探偵が沈黙するのは、どんな運命も彼に語りかけないからである。彼の沈黙は、実存の絶対的な投入によってではなく、合理的な投入には実存が欠落していることによって説明される。この実存の欠落が、彼になにも語らせないのである。英雄の場合には、「われ（イヒ）」が悲劇的に消尽するのに対して、探偵の場合は、消尽した「われ」の前には、語りかけるべき「なんじ（ドゥー）」がもはやいないからだ。それゆえに、探偵には事情に通じた者が付与され、この者が賛辞を述べ、事件の解決を暗闇――解決の非人格性ゆえに、事件は闇に覆われている――から、明るみに出すのである。さらに、語り手の構成が、探偵の立場をより正確に規定する。つまり、医者という職業――ワトスンの栄誉ある誕生以来、しばしば語り手に割り当てられる職業――は、探偵の職業にきわめてよく似ているので、近寄りやすいのだ。と同時にまた、十分に違ってもいるので、混同を免れるのである。診断を下す医師もまた、種々の証拠から、みずからに課せられた秘密の謎を、知性という手段を用いて解きほぐす。非合理的にみえる直観さえも、ひたすら知性の歩む道を用意するのである。したがって、医者の活動は、犯罪の証拠から犯人を割り出す活動になぞらえることができる。推論方法が合致するからこそ、探偵がこの方法を適用する意義もまた、より鮮明に浮かび上がってくる。というのは、探偵は医者のように治療の目的で推論するのではない。社会という肉体の病気は、探偵にとって演繹のためのきっかけにすぎないからだ。医者の場合には、捜査は実用的な目的のためになされ、それゆえに結果に達するのだが、探偵にとっては、捜査はそれ自体の関心のためになされるので、結果は溶解してしまうのである。この合理的プロセスの自己充足性は、医者を劣等視することからも証明される。医者の思惟が、その意図に即して見れば、全的人間に比べて相対的な条件を課されているからだ。救済を意図しないにもかかわらず、救済をもたらしうるプロセスが、医者による治療の、表面的には同じ方向を向いたプロセスに限りなく近づくという事実が、この合理的なプロセスの閉鎖性を完璧に証明している。弁護士が副官を務めるときにも、同じ効果が得られる。なぜなら、彼の研究者としての情熱は、探偵の猟場に深入りすることもめずらしくないほどだが、そこにもおのずと限界があるからだ。探偵においては絶対的無条件に展開する論理性が、弁護士と医者の場合には手段になるとすれば、化学者はこの論理性を徹底的に追求する。他の同伴者たちとは違って、化学者は探偵のように操り人形の人間たちを支配するのではないことを別にすれば。化学者は原子の世界でその勝利を祝うのだが、その原子の悪無限を、関係性を断たれた合理(ラチオ)はみずからのために解き放つ。この拓かれた場で、合理(ラチオ)は純粋量を追求するのだが、とはいえ、純粋量は最後には合理(ラチオ)の手から零れ落ちなければならない——もし把捉しえたならば、否定的無限性が始まることになるだろう。この場で、合理(ラチオ)はプロトンとエレクトロンの惑星系列を統べる創造神として働き、そして、獲得しえない最終的な世界数式を求める途上で、合理(ラチオ)はそれらを稼動させ、あるいはまた粉砕するのである。その手法の正当性は、存在から解き放たれた質料——無へと消え去ることになる質料——を対象とすることにもとづいている。だが、この手法は、社会の原子複合体を統べる探偵の手法にぴたりと一致している。この隠れた王を囲繞する宮廷国家の人物たち〔9〕は、したがって、異なった表示的意味をもっている。かれらは、探偵によって人格化された原理の性質を、この原理を不完全に体現することによって暴き出すのだ。そしてかれらは、自身を自律的とみなすこの原理が人間を陥落させる被造物ならざる領域を反映するのである。

訳注

〔1〕 カール・レルプス(一八九三〜一九四六年)。ドイツの作家、翻訳家。ゾラ、E・A・ポオ、S・アンダーソン、V・ウルフ、R・L・スチーヴンソン(『宝島』)の翻訳などで知られる。

〔2〕 ガストン・ルルーの探偵小説『黄色い部屋の秘密』、『黒衣婦人の香り』で活躍する主人公。「はじめに」の章

の訳注7を参照。

〔3〕パウル・ローゼンハインの探偵小説シリーズの探偵。

〔4〕ピエール・シモン・ラプラス。フランスの数学者、天文学者。一七四九〜一八二七年。彼の確率論や宇宙体系説の推論過程はE・A・ポオにも影響を与えた。ポオ『ユリイカ』（一八四八年）参照。

〔5〕ヘーゲル（『大論理学』）の用語。「悪無限」もしくは「否定的無限性」とは、始まりも終わりもない直線のような無限性。量的な無限の発展であり、新しいものはなにも加わらない。これに対して、「真無限」もしくは「真実の無限性」とは、自己自身に立ち戻る円環のような無限性。弁証法的につねに新たなものがつけ加わる。

〔6〕エーミール・ラスク。一八七五〜一九一五年。新カント学派の西南学派に属した哲学者。『哲学の論理学およびカテゴリー論』（一九一一年）、『判断論』（一九一二年）など。

〔7〕レオ・ペルッツ。オーストリアの作家。一八八二〜一九五七年。歴史小説を多く手がけたが、『最後の審判のマイスター』（一九二三年）は幻想系の探偵小説。

〔8〕原文は『アリバイ』となっているが、ガボリオの『ルルージュ事件』を指す。

〔9〕以下の章でとりあげられる警察と犯罪者を指す。

警察

探偵小説の主人公は、警察と犯罪者と行動を共にし、あるいは対抗し、あるいはかれらの間を動き、あるいはかれらを操る。警察と犯罪者は、美学的な構成物の全体性の中で、徹底して合理化された社会の諸力となる。かれらは、その様式化にもとづいて、高次の圏域にある共同体の対応物と関係づけることができる。かれらによって意図されたことの解明は、探偵が警察と犯罪者との間にもつ揺れ動く関係を、どう解釈するかの問題とつながっている。この関係こそが、探偵小説において結局のところ、あからさまに本来的なものを意図する超越化の出発点をなすのである。

一般プロイセン州法の規定によれば、「公共の平穏、安全、秩序の維持に必要な措置、および、公衆もしくはその個々の構成員に対する危険の予防は、警察の職務である」。探偵小説においても、警察は純粋に合法的な機関として呈示される。もっといえば、探偵小説において警察に割り当てられる全権は、他のどんな上位の権威にも依存しないという依存性を告知しているのだ。官憲の職務は限定されており、スコットランド・ヤードは検察庁と合意のうえで活動する。犯罪事実の確認にせよ、殺人者の捜査や逮捕にせよ、警察の活動とその進行は、つねに客観的かつ一般共通の規程にもとづいている。どこであれ、探偵が当局と協力して活動するとき、この規程に探偵自身も拘束される（というか、拘束されるはずである）。警察に課せられたこの拘束は、同じことを追求してはいても、警察の活動と探偵のそれとを区別する服務規程を表している。警察が犯人を捜査するとき、合法的な手段を最大限活用して、旧来のやり方の枠内で合理的に活動するのに対して、探偵は合理（ラチオ）を絶対的に代表する。もっとも、合理（ラチオ）が合法的な手段にしたがうことはあるにしても。警察の場合は、社会的な関心のアプリオリがあり、それが知性の手綱を引き締め、完全に席を譲ることはない。探偵の場合は、知性自身の自由な統治があり、その独断専行は、社会の目的に必ずしも服従するわけではない。警察が知性の独裁を表出するものではなくて、規範に服するものであること、また、この規範が知性に直接由来するものではなく、第一に合法的な生の円滑な営みの要請から生じてくるものであること、このことは、規範によって保護される社会から警察に付与された権威の力を証明している。同時にまた、警察が社会の中で成長していく組織であることの証明でもあるが、この組織は、警察がもし純粋に合法的な義務を受け入れないとすれば、維持しえないであろう。社会的な必要性そのものから生まれて、警察は役所となる。夜中の巡回からベルティヨン式犯罪者人体測定法〔1〕にいたるまで、役所のこの機構に探偵もまた頼っている。合法性によって分断されない合理（ラチオ）の代理人である探偵は、この機構をみずから造り出すことはできない。社会だけがこの機関を保証するのである。もし探偵が自身をこの機構と同一化するならば、自身の自律性を喪失することになろう。それゆえに、探偵は現存する機構と同盟を結ばなければならない。それどころか、要請を出すことさえある。なぜなら、合理（ラチオ）のプロジェクトは、場合によっては収縮自在なポリプの触手を必要とすることもあるからだ。

警察が探偵小説において服務規程の下にあるとしても、この服務を課す者の名は闇に包まれたままである。警察はだれからも委託されていない課題を果たす――社会からの委託を別とすれば。この社会は、合法性それ自体を体現するものにすぎず、けっして社会全体ではない。パラドックスと関係づけられるためには、警察の権限は、自身を問いへと向かわせる起原に由来するものでなければならないであろう。これらの権限が、たとえば国法に根拠をもっているとすれば、それらは、社会の全体性を包括する権力によって設けられている条件、またその一方で恩寵によって限定されるかもしれない条件に服する。とすれば、その権限は自律性を主張するどころか、自身の止揚に対して抵抗できない法から生じてくるのである。そうであるならば、もっぱら社会の一部のみを、それがどんなに腐敗した部分であるとしても、他の部分から保護する官憲の規制は、法を超える秘密――この秘密の前では、この二つの部分はパラドックス的にひとつのものに帰属し、法はその絶対的な妥当性を失う――に還元されてしまうであろう。この超法的なものへの間接的な関連によってはじめて、法の執行権は正当化されるのであるが、この執行権は、自身が「上」から包括される可能性を承認しないときには、老魔法使いが留守のときにめくらめっぽう掃きまくる帚(ほうき)[2]になるのである。こうして合法性は、倫理的な決定から切り離された事実的なモラルとなる。倫理的な決定は、自身の一時停止を意識していなくてはならないからである。合法性の代理人として、警察はみずからの正当化のために、法の束縛を必要とするが、この法自身は完全なものではない。警察が探偵小説において、自身を超えるものをもたない機関となるということは、解き放たれた合理(ラチオ)によるパラドックスの平板化が、美学的に表出されることの表れである。緊張の中に成り立つ——もしくは成り立たない諸力、すなわち、法とその侵犯、適法と違法など、互いに排除しあいながらも、共存している諸力の対立項がどう名づけられるにせよ、これらの諸力は、そもそも人間としての実存在を前提としているのだが、世界原理と化した合理(ラチオ)は、こうした諸力を壊滅させるのである。だが、それとともに、教会とか、あるいはある程度までは、国家といった構成物もまた滅亡する。これらの構成物は、社会的なもの全体と「上」とのつながりをつけるものであり、秘密へと向かう関係性において、こうした構成物によって根拠づけられた社会的な生の中に、パラドックスの出現を許すものであるが、それらもまた消失するのである。あとに残るのは、緊張を欠いた、原子化した社会である。そこでは人間の中間的存在のパラドックス的な状況が、体験されもせず、経験されもしない事象としてのみ、呈示される。本来的には結果であって、結論ではない合法性そのものは、この社会の中で絶対化し、社会の包括的な概念は、合法的に行動する者たちに限定される。——これは、ある種の狭窄化であり、このことは、追放された違法行為との二律背反的な結びつきが、ことごとく断ち切られてしまったことを暗示している。もし社会の概念が縮小しないとすれば、それは逆に拡大し、その結果、適法なものの対蹠物がその本来の意義を失い、全体性に破綻なく関係づけられて、誤認されるか、あるいは見過ごされることになろう。緊張の中でのみ妥当する法の、意義を欠いた残留物である合法的なものは、いずれにしても、最高のカテゴリーに向かってますます高められるのだが、それと同時に奇妙にも、この合法性を高める合理(ラチオ)との接触を失うのだ。「上」の秘密とのつながりに由来する法が秘密への依存をけっして拒否しないままに、合理が秘密に取って代わるとき、合理とそこから自立した合法性原理の間には、深淵が口を開くのである。というのは、合理はまさにこのように、つまり、合法的なものが、自身を不確かなものにする関係性から転落するように、働きかけるからである。それで合法的なものは、合理が相対的な条件を課そうとするとき、やはり最後には合理に対して、自身を閉ざさなければならない。だが、合理の力を借りて信頼を獲得している合法性が、合理からの独立を主張することは、悪い手本として先行した合理自身の仕事を、ただ繰り返しているにすぎない。そうやって、合理の解放によって示された矛盾が、いやおうなく露呈する。つまり、自身に効力を与えている条件を抑制しうるという妄想が矛盾にすぎないことが、合理が命令を下せると考える合法的なものがいまや合理の命令に耳を貸さないことによって、証明されるのである。この復讐を、合法的なものは探偵小説においても行う。ここでは、合法的なものを人格化している警察が、合理の代理人から離別し、合理の側の合法性にはいっさいの服従を拒むのである。警察はここでは、形の上では狭い意味での社会の代行者である。しかし、社会は自身の自閉性を打ち破るような高次の構成物に合一することもなく、無定形の国際的な混合物として特徴づけられる。そして、この混合物は合法以外のなにものでもなく、しかもだれのために役立っているのかを知ることもないまま、純粋に自己充足している。それゆえに警察は、合法性原理が与えず、また与えることもできない指令に応えて、行動するのである。もっとも、合法性原理がその自律性の要求を断念し、みずから指令を受ける——これは前提に反するが——とすれば、話はまた別であるが。警察は、モルゲンシュテルン〔3〕のギングガンツの中の編み上げ靴と同じである。そこには、こう書かれている。

いきなり、野原の真ん中で
編み上げ靴は命ずる。私を脱げ!
応えて下僕が言う。そういうわけにゃ行かねえだ。
でも、ご主人様、言ってくだせえ。いったい、だれのためで?

「上」に向かって自身を閉ざす社会のもつ、唯一の執行機関である警察は、本当の決定を下すことはない。むしろ警察は、その意志が選択されていないので、恣意的に行動する。警察が国家機関として機能するときに享受する独立性を、ユー・ド・グレ伯〔4〕(『プロイセンおよびドイツ帝国における行政と憲法のためのハンドブック』、ベルリン、一九〇七年、第一八版、パラグラフ二二〇、三二四頁)は、次のように根拠づけている。「警察の介入は、間髪を入れず、かつ迅速になされねばならない。さらに、その効力は、なかんずく、可能性の範囲にあるか、あるいはまた、蓋然的である出来事や行動に向けられなければならない。その場合、変動する多様性にあって予測しえない、生活のあらゆる特殊な諸関係を考慮に入れなければならない」。――こうした自由裁量は、警察にとってたしかに必要であろう。というのは、計算しうるのは、純粋量に還元された出来事のみであるが、一方、法規程は、(どれほどにせよ）緊張を欠いた生の全体を包括することはできないからである。しかしながら、この自立性は、その正当化のためには、主導権が要請される場合においてさえも、警察の職務を認可すると同時に限定する全権を必要とする。合法的な手続きは、みずからこのパラドックスを持ち出すことはない。それゆえ、その自由が無拘束な裁量とならないのは、この法的手続きが、現実をそのパラドックスに即して測定する諸決定から導出されるときに限られる。この手続きが国法にもとづいているならば、そうした決定を下す能力のある保証人、あるいは、少なくともそれらの決定から隔絶していない保証人がいるはずである。ただし、国家が、社会全体を「上」の秘密と関係づける構成物であるかぎりにおいてだが。この秘密とのつながりからのみ、おのずから現実的であるような決定が生じてくるのであり、そして現実との関係を保つのである。それゆえに、警察の自由裁量もまた、もしたんなる合法性の箍（たが）のはずれた迷走以上の意味をもたせたいのであれば、このつながりとの関係づけをしなければならないのである。

探偵小説においては、警察の自由裁量はめくらめっぽうな恣意的行為に堕落する。探偵小説は、警察の行動に権限を与えねばならない権能を拒否するのである。法に合致するだけでなく、法を十分に考慮する決定から生じるどころか、警察の自由裁量は無法行為となり、それに対しては現実も限界とはならない。つねにコントロールを必要とする法的な固定化のもつ必然的な不完全さが、警察行動によってそのつど止揚されることもない。それどころか、解き放たれた合法性――パラドックスから離脱した一面性のゆえに、自身を固定化しなければならない合法性――が、コントロールされないままに作用しつづける。合法性が自身を自由に構成していくことによって、この合法性は、関係性の中で下された決定のように本来の拘束を獲得することもなく、それとはちょうど逆に、現実との接触を喪失するのである。合法性を代理する機関が、自身の裁量によって行動することが少なければ少ないほど、合法性はそれだけ緊密に現実と結びついているのであるが。この機関が厳格な規程の檻から脱走するのは、そのつど変化する生の諸条件に適応しようとして、法規程の無効化に奉仕するためではない。ひとえに、法規程の自律性を証明するためである。合法性は、自身は自由を装いつつ、法規程をその限界を超えて、人と人との間の諸関係を織りなす網目の中に潜り込ませるのである——束縛を解かれた合法性、これは「秘密捜査員（アジャン・プロヴォカトゥール）」の逸脱行為を通して、たとえば檻を破った猛獣の強烈な破壊的狂気と似たような効果を発揮する。この解き放たれた猛獣は、ユー・ド・グレ（前掲書、三二四頁）によれば、たえず改めて狂気の横暴に対する法的安全措置の創設を迫るのである。

　合法性原理の不快な増幅は、直線的に全体性にまで拡張しようと努める哲学体系の拡大に類似している。思惟は、存在することと自体に付与されている相対性を認識するときのみ、現実を把握することができる。つまり、思惟はこの目標に到達するためには、みずからの中間的位置づけから解き放してくれるかもしれない自律性などを要求してはならない。そうではなくて、全的人間を把捉する関係性の中で、事物を経験しなければならないのである。認識論における進歩とは、みずから絶対者の地位につけた主体が自分の力で遂行しうるような、単純な認識の進歩ではない。むしろ、認識論の進歩は、方向づけられた人間が現実に対してもつ態度の展開に結びつけられている。したがって、認識論の進歩とは、たんなる認識の進歩でも、全体性の認識のための進歩でもない。全体性は、それに関係づけられた者にとって、全体性に対する実存的な態度によってのみ——ただし、けっして全体性の思惟によるのではない——近づきうるものである。依存者であるはずの自己自身が、超越論的主体にまで自身を還元するとき、はじめてこの主体は、その絶対性によって世界を把握しうると錯覚するにいたるのであり、かつまた、全体性を包括する体系という思想が成立しうるのである。合法的なものと同様に、この体系は関係性の外側で自己主張する。そして、全体性を把捉することを意図している体系(システム)の構成物は、合法的な恣意行動と同じように、初期措定から、あるいは経験から出発するが、現実性とはもはや関わりをもつことはない。もし関わりをもつとすれば、全体的なものは、その全体性に向かう緊張の中でのみ実現するであろう。認識が得られたとしても、その認識の結果は、認識連鎖としては非連続的なものとなろう。なぜなら、認識の結果が連続性を獲得するのは、それが全的人間としての経験を連関させるときのみであるからだ。認識された経験の総計は、世界全体におよぶかもしれないが、その要素は非連続で、互いに隔絶している。それらの要素を結びつけるものは、創出の方法ではなく、ある種の緊張に織り込まれている状況である。ところが、秩序づけられた経験の総計を歪曲したものである体系は、発端からすでに結末を規定しうると考えているのだ。そこでこの体系は、ちょうど法から漏れ落ちた合法的なものと同じように、その構成的な原理から出発して、全体性にまで発展する。つまり、この原理を明瞭に指し示せば指し示すほど、ますます現実から遠ざかる結果に進んでいくのである。すでに引用したポオの小説『盗まれた手紙』において、デュパンは威厳をこめてこう述べている。「……（警察）長官がその部下ともども、これほど頻繁にまちがいを犯すのは、まず第一に、他人の思考経路に入り込めないという無能さに理由がある。それから二番目に、敵の精神の特質をまったく、あるいは不十分にしか、考慮に入れないという事情にある。……それだから、かれらは異なる策略を用いる人間、自分たちよりもずる賢い人間に遭遇すると、たとえかれらがどんなに精神的にはその人間よりもすぐれているとしても、警察の方法は役に立たなくなるのだ。かれらの捜査では、システムはいつも同じなのだ。特別な事件とか、あるいは尋常でない報酬とかが、かれらを最大限の努力に駆りたてるとしても、かれらは手慣れた手法を次から次とすべて適用するほかに何も思いつかない。かれらのシステム自体を変えることは何もしない」。（哲学的あるいは合法的な）体系（システム）が到達する全体性とは、その全体的な拡張であり、これは現実経験の蓄積がなされないままに遂行される。体系の全体性が呈示する総体は、現実の総体を隠蔽するのである。経験が汲み出される場としての現実の総体は、認識に向かってけっして完結的には呈示されないからである。

探偵小説における警察は、合法性の唱導者として、高次の法的起原のどこからもその正当性を導き出しえない立場にあるので、その義務の諸規程は、自身を超えたところを指し示すものではない。警察の仕事は「公衆（プブリコ）、あるいはその個々の構成員」を対象とする。たしかにそのとおりであって、合法性が脱落したとき、残るのは公衆とその個々の構成員だけである。会衆が秘密との関係を保つ者たちを合一させるとすれば、公衆は関係をもたない人物たちの横ならびである。この横ならびは、なんらかの共同性――それがどんなに外面的なものであろうと――が、その要素たちを結び合わせるやいなや、公衆であることを止める。公衆を成り立たせる大衆は、無差異の状態にある。大衆は合法でもないし、それどころか、違法でさえもない。大衆は、合理（ラチオ）が意味を差し向けたいと願っている無に近づくのである。このまだとても合法的とは言えない大衆が、警察を必要とするということは、違法なものがないだけで、すでに合法とみなされることを示している。低い領域――合理（ラチオ）に支配されているかぎり――においては、ゼロに隣接する状態（あるいは、漸進的に到達しうる無限性を実体化した状態だが、この無限性もやはり無に合流する）以外の中立的状態といったものはないので、この状態は、その圏域上の位置づけにしたがって、法の上限に隣接する状態に相当している。そして、この状態の中に、止揚された法が、ちょうど公衆の中に消え失せる合法性と同じように、保管されている。街路やホテルや広間におけるこの状態の公共性は、秘密を覆い隠す盾になるものではない。むしろ、合理（ラチオ）が内面を追放するとき、この公共性は、計算可能なもの、抽象的なもの、一般的に把握可能なものとなって、秘密に向かう人格的な関係性――これは、共同性を生み出す関係性ではあるが、その共同性の指標は会衆の公共性ではあるまい――に取って代わるのである。現代の詩人や建築家たちによって構想されている、ガラス張りの家屋――その中で生を展開させるという――の計画は、この公衆の本質に輝きを付与しようとする努力と完全に一致しているのだ。だがそのとき、私的（プライベート）なものが失われ、それにかわって、増大した共同性が現れるということにはなるまい。そうではなくて、共同性も、その前提となる個別存在も共に排除する公衆の中に、私的なものは埋没していくことだろう。というのは、自身を最終的なものとみなす公衆は、個別なものの逸脱を許すことができないからだ。公衆を成り立たせている要素は、公衆の要素以上のものではない。さもないと、これらの要素は合理的に把握しえないであろうから。――警察は、まだ「なにかあるもの」ではない公衆の生が、平穏と安寧と秩序のうちに進行するよう配慮しなければならない。つまり、合理(ラチオ)の掌中に握られた無差異――合法性はこの無差異から生じる、あるいはこの無差異に向かって傾斜していくのだが――は、満たされた領域において無差異であるかに装おうとする現存在と同じように保護されている。そればかりではなく、合理(ラチオ)の支配下にある無差異は、緊張感の欠如のために、法の上限域にある別の無差異――この無差異に向かって緊張した生は延びていく――を歪曲するのである。関係性の中で法が侵犯されるとき、法の存立を正当化する問いかけの位階(オルド)は破棄されている。ところが、公衆の中立性は、合法性の侵犯を意味しない――侵犯であるならば、合法性の本質規定がパラドックス的に無効化されることであろうが。公衆の中立性は、合法的なものの未決定な前段階として、無内容な合法性に関係づけられている。したがって、この中立性は、法によって被覆された中間領域も、そして「上」へと向かうその解体も、共に意味する状態を呈示しているのである。このように、無差異な営為のために維持されるべき平穏は、法の内側における平穏、およびその境界を超えた領域における平穏に対応している。ただ、後者の平穏が、すべての苦闘、葛藤が不穏のままに身を捧げる平和の黎明であるのに対して、前者の平穏は、違法なものを隠蔽して保管することを表しているにすぎない。後者の平穏は、認可された諸形式の内部での運動が消滅し、そしてこの諸形式もまた消滅していく静寂を表現しているが、前者の平穏は否定的なものである。つまり、空疎な合法的固定化に反抗する告知が排除されている状態である。

警察によって公衆に保証される安全についても、同じことがいえる。存在する者の周りを囲い、その不安に方向づけを与える法律全体に浸透するのでなく、この安全は大衆にたんなる無差異以上のものを保証しない。それは、目標を知らず、まったく方向性をもたないので、目標が達せられたかのように振る舞う無差異である。警察の恩寵による秩序とは、結局のところ、人間と事物の共生——超時間的な秘密の前にあって、秩序の仄かな光が照らし出す共生——を意図してはいない。それは、往来をルールどおりに調整することであるが、この調整は、けっして人と人との間においてなされるのではない。この秩序は、存在者の残留物をみずからの内部に包摂する。それは統計学的であって、内実をもたない。ただもう「数字と図形」からなる雑踏を、問題から解き放たれた空疎な遊戯規則(ゲームルール)に従属させるだけの秩序である。そのように秩序づけられたものは、安定性を見せかける。本当の、それゆえに問いをはらむ秩序にとっては、到達しえない安定性である。緊張から脱落した混合物は、合理的な措定にもとづいて拡散し、そして凝固する。この措定の無時間性は、超時間性を陰画の中に反映し、秩序づけるべき内容を意味深長に自身に関係づけるかわりに、意味を欠いた多様性を一義的に規制するのである。カントの「純粋理性」を手本として、この秩序は世界に法律を定める。ただ、だからこそ、それは世界に出会うこともないし、法律の制定者でもない。この秩序は、現実の秩序の戯画である。それは、たえず自身を再構成するためには、緊張の中にあってはならないので、現実の秩序の暫定的な性質を、最終的なものにまで誇張しなければならない。それゆえに、この秩序は——平穏と安寧のカテゴリーと同様に——適法な生の歪曲を受けて、生を根拠づけている超法的なものの逆転像へと変様するのである。

　警察は探偵小説において違法なものと闘うが、それは闘いそれ自体のためではなく、合法性原理が付与する全権によるものである。警察の活動には目標があるが、その目標は仮象にすぎない。というのは、根元から切断された合法性は、本来の意義をもたないからである。探偵の中では、プロセスを自己目的にまで高める相対者としての合理（ラチオ）が働いているが、警察の方は、合理（ラチオ）の支配によってすでに意味を奪われている結果を、獲得しようと努めるのである。警察に代表される合法性とは、満たされた領域に関わる――ただし、この領域に関わるだけではない――肯定的な諸規定が、空疎化され、一義性にまで貶められた形式である。この諸規定との結びつきが維持されるとすれば、合法性は順応し、警察の捜査活動は限定的な基準にしたがって行われることであろう。しかしながら、この捜査活動が、意義をもつ起原を拒むとき、それはせいぜい形式的に「なにか（ヴァス）」に関わるにすぎない。捜査が意図する事象は、現実から分断されていて、捜査によってはもはや把握できない。命令する合理（ラチオ）が、現実と捜査活動とを分離するのだ。捜査を通しては、現実はもはや到達しえないであろう。そしていまや、捜査活動は現実とのつながりを欠いたまま、現実の要請を満たそうと努める。結果を追い求める警察の執念は、現実を把握しようとする完結的な思惟体系（システム）の努力と同様に、なんらの結果も生み出さない。この体系が、自身を生み出した合理（ラチオ）――共生から脱落した合理（ラチオ）だが――の要請にしたがっているだけならば、既定の事物や存在物や命法を受け入れて、かつそれらを稼動させることもできないままに、ただひたすら、世界を欠落させたプロセスとしての自身の内部を動いているだけだろう。ところが、この体系は自身の追放状態を悔やみながら、見捨てた存在者に向かってたえず新たに追い迫り、自身の自己完結性によって放棄した世界内容を、ふたたび関係づける方向に向かうのである。関係性において経験可能なこととはつまり、倫理的な指示であり、歴史的な形象であり、さらにいえば、啓示の言葉である。現実のものすべてが、現実性に介入するものすべてが、この体系の中でいまひとたびの邂逅を仮象的に祝うのである——それも、自身の方からは現実を巻き添えにはしない体系(システム)の中で。というのは、体系が、現実の問いかけに答えを与えるためには、体系を問いかけから遠のける(合法性)原理、問いかけがそもそも聴き取られる前からすでに答えを与えているこの原理に背かなければならないからである。体系の中に織り込まれた「なにか」は、体系性にもかかわらず、せいぜい体系の中に含有されているにすぎないのであるが、含まれているにしても、その「なにか」が体系の中から展開されるような含まれ方ではない。どの程度まで、この「なにか」が受け入れられているかは、とりわけこの思考方法の破綻部分——その自己充足の嘘を暴露する部分——を見れば判明する。フィヒテから新カント学派にいたるカントの後継者は、かれらにとって恣意的に見えた「物自体(ディング・アンジヒ)」を抹殺しようとしたのだが、だがそれによって、みずからが一次元的な体系の恣意性に絡み取られてしまったにすぎないのだ。というのは、この体系は、思惟と現実との傲慢な分離によって成立するからである。そして、この現実を、体系はもはやそこから滑落してしまったあとでは取り戻すことができないのだ。それはちょうど、探偵小説の中に様式化された警察が、「なぜ」にまで到達できないのと同じである。この究明されない「なぜ」が、プロセスそのものから、警察を追放するのである。もし警察が、消失した目標によって義務づけられていないとすれば、警察はこのプロセスに呑み込まれることであろうが。

訳　注

〔1〕アルフォンス・ベルティヨン。一八五三～一九一四年。ベルティヨンの開発した精密な人体測定法は近代科学捜査の嚆矢とされる。ドイル『バスカヴィル家の犬』（一九〇二年）の第一章末尾に言及がある。

〔2〕ゲーテのバラード『魔法使いの弟子』だが、バラードでは水汲み。

〔3〕クリスチアン・モルゲンシュテルン。ドイツの詩人。一八七一～一九一四年。詩集『絞首台の歌』（一九〇五年）などで知られる。『ギングガンツ』は詩集『想いに耽って（ギングガンツ）』（一九〇八年）所収。

〔4〕ローベルト・ユー・ド・グレ伯。プロイセンの政治家、法律家。一八三五～一九二二年。彼の著書『プロイセン行政法注解』は「ユー・ド・グレ」と呼ばれた。

犯罪者

探偵小説は、犯罪を警察の力によって回避されるべき危険として捉える。このことは、高い圏域の事象が低い圏域の事象に広汎に変換されるとき、どのような事態が生じたかを明示している。つまり、違法なものが、自身に立ち戻った合理（ラチオ）に支配されて、点のような事実となり、そしてまた、この事実が、純粋に内在の中で、互いになんの関係ももたないまま、合法性原理から逸脱した諸事実と対面するという事態である。この点的な事実とは、探偵小説が超越化されないかぎりは、殺人であったり、強盗であったり、あるいは他のなんらかの孤立した事象として現れる。しかも、その意味は、すでに認知されている違法性に尽きるのである。犯罪行為がそうであるように、犯罪者も合法的なものの否定以外のなにものでもない。つまり、狭い意味での社会の妨害者であり、全体性としての社会に統合されていない者である。合法なものは、合法性の中で、絶えざる問いかけをはらむ存在を喪失し、そしてまた、違法なものは、違法性の中で、場合によっては奪われてはならない権利を失う。あとに残るのは、正または負の符号を付せられた行為であり、両者の超法的なものへの関連というパラドックス的な相互関係は消滅する。悪人のことも、善人のことも心得ている現実の二重性の残留物として、この美学的な形象物は、分断された行為の反措定（アンチテーゼ）のみを保管する。そして、この反措定は、体系（システム）の中で、違法なものを解消してしまうか、あるいは、これを自身の一部分として保持するかのいずれかのプロセスに巻き込まれるのである。

違法なものが、合理（ラチオ）の材料としての点になるためには、超法的なものとのつながりをつける関係性——かつまた、違法なものが合法性にとっての棘となる関係性——から分離されなければならない。仮象への変様によって、この要請は美学的に果たされる。低い圏域における思惟は、把握しえない内容をいきなり抹消することはできない——なぜなら、すべての領域の存在者は回帰してくるので——。そのかわり、切り換えられた措定を用いて、この内容を再構成しようすることで、その内実を奪うのである。それとちょうど同じように、美学的な全体性は、すべての現象物を包摂し、かつそれを構成に組み込むという方法によってしか、現象物の力を奪うことができない。悪の頑強さ、原初的な力の盲目性、中間の王国をさまよう情熱の魔性、反逆者の英雄的な蛮行。アウトローのすべての特性は、その圏域の帰属にしたがって多かれ少なかれ歪曲されながらも、保持される。だが、これらの特性は、なんらかの本質を表示するのではなく、本質を欠いた、それゆえに合理的に把握可能な、違法な事象の皮殻でしかない形象物へと解体されるのである。アウトローを存在物へと刻印する構成要素は、これらのものから分離され、意義とは疎遠な行動のための変装用衣装として用いられる。そのつど変わる変装は、その行動の空疎さを、二重に効果的に証明している。現実の犯罪行為は、その行為を根拠づけ、それなりの意義を付与する態度から生起するのであるが、探偵小説においては、違法行為そのものが、それに随伴する動機にはじめて意義を与えるのである。というのは、動機は探偵小説においては、非難されたり、正当化されたりするような根源的なものではなく、自己充足的な事実の派生物であって、事実から出発する合理（ラチオ）が解明するものである。重点は、つねに経緯それ自体の世俗的な秘密におかれていて、その経緯を支える内面性は、経緯の理解に必要なだけしか設定されない。内面性は、経緯の母胎となる核ではなく、その文学的装飾である。中間領域からの移動とともに、心理的なものは、とりたてて注目するに値しない、人間の普遍的な本能にまで還元される。金銭欲、復讐心、官能的情熱が、イデオロギー的な基盤として、かつ根拠づけとして、ことが終わってから（ポスト・フェストゥム）登場してくるのだ。だが、心理的なものの原子化が回避され、文学的な功名心から、デーモン的な犯人像が求められるとしても、けっしてデーモン的なものが、ストーリーを裏打ちするわけではない。デーモン的なものは、知性によって突破される運命にある霧、知性の勝利を困難にする霧のように、ストーリーを包み込むのである。昔の小説に出てくる、栄光に輝く悪漢から、畏怖されるべきシャーロック・ホームズまでは、まだ長い道のりがある。前者では、程度の差こそあれ、キッチュめいて描出される個人的な情熱によって、ストーリーが導かれるとすれば、後者では、デーモン性は推理の栄光の中で色あせている。事実の解明によって、推理はデーモン的な効果の基盤を曙光のもとに曝し、かつ歪曲するからである。

　悪漢小説では、犯罪者の本質は不滅の魔術的な力をもっているが、探偵小説にあっては、魔術は本質の偽りであり、それは不可解なものが論理的に克服されるまでの間だけしか、その見せかけを装うことができない。無気味なものもまた、満たされた領域のもつ親近性の外側を指し示す暗鬱な精神の属性ではなく、行為に付随するものでもなく、行為を暗闇の王国に沈めるものでもない[1]。――無気味さは、究明されざる諸連関の最後の環として、営為の円滑な進行をふいに断ち切る事実の謎に包まれた状況から生じてくるのである。自己完結的な単位の連鎖からなる、こうした諸連関が、知性によって解き明かされるとき、その味気ない連鎖は、論理的に明晰につながるので、いっさいの無気味さを失う。ところが、形象物がなんらかの意味をもつ圏域においては、無法者の無気味さは、その行為が明らかになるにつれて増大する。この無法者に近づけば近づくほど、合理(ラチオ)の手を逃れるその本質はますます暗く、ますます恐ろしいものになる。その一方で、合理(ラチオ)のみが照明を与えつつ、たんなる事実にすぎない事象の間を動くときには、闇は追放される。とすれば、事物がまだ思惟に対して威嚇的に反抗しているように見え、奇妙な方程式――その未知数がとりあえずは算定できない方程式――を呈示している暫定状態が無気味なのである。だが、名探偵が反抗的なXの隠れ蓑を剝ぎ取ったときには、殺人者はわら箒(ぼうき)となって崩れ落ち、洗練された推理方式が親近性をともなって現れる。この勝利は、同時にまた、探偵小説の中でミステリアスな事象が人々を陥れるパニックの止揚でもある。息を詰まらせるのは、出来事の威力ではなくて、因果の連鎖の不透明さであり、この不透明性が事実を条件づけている。――劇場の炎上とか、あるいは夢に見たこと――そのリアリティは人を恐怖に震え上がらせるが――によるのではなく、合理(ラチオ)に支配されている領域でパニックが生み出されるのは、まさに、それ自体はなんらパニック的でない事実を還元しうるようなリアリティの欠如によるのである。知性が働こうとしないので、人は恐怖を覚えるのだが、知性が停止するのは、恐怖が知性を麻痺させるからではない。残虐なもの、自然の狂暴さ、これは人を憔悴させる。そしてまた、すべての不合理で異常な現象、これらを眼前にするとき、人は震え上がる。これらの存在物は借り物である。仮面が剝がされるとき、その内側では違法なものが、低俗なあくびをしている。ガストン・ルルーの小説『黒衣婦人の香り』（ヨーゼフ・ジンガー出版、ライプツィヒ）では、死んだと思われていた犯人、ダルザックがふたたび現れて、すでに再婚しているもとの妻を恐怖させる。古い城館の中で、殺人者の不可解な出現にたえず脅かされている。この謎を解くために、ルルタビーユのような人物の洞察力が動員される必要があるわけである。ダルザックがいつでも現れることができるのは、彼によってすでに片付けられた再婚者に身を変えて、無害な者たちの間に混じっているからである。この小説のパニック的雰囲気は、最後の土壇場になってやっと事実の連鎖が、理性にかなった解決を見出すことによって、作為的に維持される。そしてこの解決のみが、関係者を脅かす宿命を回避することを可能にするのである。髪の毛が逆立つのは、宿命そのものに対してではない。これは勇気が克服できるであろう。そうではなくて、まだ合理（ラチオ）によって満たされていない虚空の中で、宿命の前提となるものを、空しく手探りしなければならないことに対してなのである。知性にとっては耐えがたい、この空虚な空間が恐怖を呼び覚ますのだが、この恐怖の理由は素材の論理的な解決の困難さにあり、それが虚空によって装われていることにある。ちょうどそれと同じように、知性は合理的に処理すべき諸事実に、しばらくの間、実際にしかるべき意味があるかのような装いを与える。合理（ラチオ）がこの虚空に流れ込めば、もちろんまぎれもない違法な事実は、電気に触れたかのように輝き出し、周りを覆っていた靄は消え去るのである。

探偵小説において犯罪者にしばしば付与される異国趣味（エクソーテシュ）の刻印は、この圏域では直接的には呈示しえない本質規定が、「空間的時間（タン・エスパス）」の現象へと歪曲された戯画である。絶対性を意識しつつ生きるとき、そうした変換は不可避である。というのは、実存的な緊張感の放棄は、必然的に一次元的な時間における超時間的なものの没落を意味するからであり、そしてまた、合理（ラチオ）は、空間化を受けない時間体験を排除するからである。すでに言及した国際性（本書二頁参照）という性質は、被造物としての限定された共生を克服するのではなく、それを懸命に見過ごそうとするのであるが、この国際性原理の強調は、被造物の相対性の部分的な誤認と、現実内容の空間的構図への変様を表すしるしである。この国際性原理は、探偵小説においては、自律的な思惟から要請されるパラドックスの止揚を先取りするものではない。なぜなら、写像する美学的全体性が、パラドックスの存立を拒むことができないからだ。このような原理の支配のもとでは、満たされた実存的な領域——超空間的なものに関係づけられる全的人間に居所を保証する空間——にある現存在は、空虚な空間の中で交差する、認可された軌道上の運動に取って替えられるのである。そして、法の枠内と法の限界を超える生の、空間的には表現しえないパラドックス的な同時性は、適法な人物と違法な人物の、なんの問題もはらまない、空間的に遍在する並存へと解体される。ちょうどそれと同じように、異国趣味によって意図されているのは、実存的なものであって、それは低次の圏域では空間的にしか示すことができないのである。満たされた領域の外にある可能性は、虚空と化した空間においては、異質なものとして経験される。それは、安全な場の親近性から遠く離れたものである。危険と秘密が混ざり合い、それらが、暫定的な居所よりも故郷に近いかもしれない異郷へと、境界を超えていざなうのである。この内面的な側面を、探偵小説は異国趣味を持ち込むことによって、地理的な空間へと転移させるのだ。合法性が空間的に限定されず、地球上から戦慄を追放するとしても、美学的な創造は、あれやこれやの国に「未開拓地（テラ・インコグニタ）」の保護区を留保する。それが、エジプトであれ、インドであれ、あるいは中国であるにせよ——お好みは、服装のように流行にしたがう。いずれにせよ、地上のどこかの片隅が、とにかく異質性の刻印を押されることになる。もはやアメリカが提供することのできない、無限の可能性を秘めた自然保護区に選び出されるのである。この原野の子孫たちは、私たちの大都会に出没し、潜伏するのだが、犯罪者である必要はない。その機能は、むしろ「アウトロー」の雰囲気を醸し出すことにある。それはもちろん、切り離された雰囲気としてのみ、全体の中に統合されるのであり、適法な人物像によっては経験されない。低い領域では、実存的な状態はすべて空間的な具象化を求めるので、国際性原理と異国趣味の飛び領地の間の矛盾は避けられない。それは、多次元的なものの一次元化のあとに残留物として存続し、「プログレスス・アド・インフィニトゥム」（無限進行）によってのみ、理論的に撤去しうるかもしれない諸矛盾のひとつである。いずれにしても、美学的にはインドは未開拓地であり、そのジャングルはアスファルトを嘲笑し、その霊能者（ファキーレ）は紳士たちに催眠術をかけるのである。幸いなことに、合理（ラチオ）は異国趣味の要求を破壊する。そして、違法な事実が、異国者のもたらすものであっても、あるいはアッカー通りのムラック主任牧師[2]によるものであっても、説明可能であることを明晰に呈示するのである。

探偵小説に繰り返し登場する怪盗紳士は、その二重の役割によって、探偵にとって課題の解決を困難にするのだが[3]、この怪盗紳士なるものは、存在することのパラドックスを、少なくとも外面的に表示する試みと理解することができよう。パラドックスが体験されるとき、法の内と外の領域は互いに結ばれ、実存的な緊張感が分断されたものを合一する。ただし、差異を払拭することも、差異の中に解消することもない。このふたつの領域に同時に居合わせる状況が合法と違法の対立へと歪曲されたあとに残るのは、どの圏域にも現実にあるパラドックスの残留物だけである。超法的なものは、不法なものの中に逃れて身を隠し、この不法なものは、違法なものへと原子化される。方向づけられた人間――その二重の生が、人格的な統一を構成するのだが――の代役は、ふたつの人物像から擬似的な統一を形成する怪盗紳士が務めることになる。怪盗紳士というのは、共同体が彼にとって最終のものを意味しないからといって、共同体からたえず脱出しようとする人のことではない。違法と合法の行為が、あたかも彼がひとりの人物であるかのように、彼に付きまとうのである。彼に法を超えた方向を示すのは、関係性ではない。礼儀正しさと無作法が、偶然に同じ場所でランデヴーを果たし、流れゆく時間の中を前後して進むのであって、互いにただひとつの起原から生まれてきたのではない。精神分裂症もまた、自我（イヒ）の分裂であるが、怪盗紳士は、けっして互いに独立したふたつの心理（たましい）を胸内に合一しているわけではない。彼はむしろ、ふたつの相矛盾する一連の行動――ひとつの心理（たましい）からの起原を見せかけようとむなしく願っている行動――の定点なのである。その位置づけが同一の場にあることが、ふたつを互いに近づけることはなく、じっさいまた、ふたつは共にあるように見えても、共にはない。というのは、その合一は空間・時間的な種類の純粋な偶然でしかないか、あるいはまた、雌雄同体の片方が、もう片方の仮面として役立つにすぎないかのどちらかであるからだ。この二重の人物像が、すでに探偵小説の超越化であるという、第三の可能性については、次の章で考察されることになるだろう。だが、たとえいかに――探偵小説がその出発点に固執するかぎり――弁証法的合一（ジンテーゼ）に失敗しようとも、怪盗紳士はそれでも少なくとも、存在者である人間の歪曲であり、彼は自身の単一性を諸要素から再構成しようと努めているのである。そこに用いられる方法は、全体的経験を拒否し、それゆえに部分からのみ全体の幻影を生み出しうる連想心理学のそれと一致している――そもそも、そのような幻影にまで辿りつけるとしての話だが。

訳注

〔1〕フロイトは「不気味なもの」を、心的生活において抑圧された、あるいは克服されたはずの身近なものの再来、と定義している。『フロイト著作集3』（人文書院刊）所収『不気味なもの』参照。

〔2〕ベルリンのアッカー通りにはかつて教会に隣接して処刑場があった。ムラック主任牧師は不気味な人物を表す一般名として用いられている。

〔3〕ルブランの『怪盗紳士アルセーヌ・リュパン』（一九〇七年）をはじめとするリュパン・シリーズなど。

合理（ラチオ）の人格化としての探偵が犯人を突きとめるのは、この犯人が違法行為をしたからでもなく、探偵が合法性原理の代表者たちと自分とを同一化するからでもない。むしろ探偵は、謎解きのプロセスのためだけに、謎を解明するのである。さらに加えれば、合法と違法が残留物としてまだ残っていることが、探偵をたいていは警察の側につけるのだ。この色あせた残滓が除去されたとしても、彼が発端も結末もない純粋なプロセスに没入するのを阻むものは、なにもない。そこまで徹底していることはまれかもしれない。しかしながら、一般的に合理（ラチオ）は、高次なものの残滓、かつ代理と心得ている。だから、解き放たれたことによって、合理（ラチオ）に割り振られた無に没するのでなく、「なにかあるもの」（有）の影として、原則として違法なものに対する戦闘態勢をとることに決めるのである。それはおそらく、合理（ラチオ）がいまや合法性に信仰告白するからではないだろう。そうではなくて、分裂した世界に手がかりを得るためである。この無差異の放棄は、無差異を止揚するものではなく、便宜上のことであって、合理（ラチオ）は合法的なものと結ぶ同盟から、いつでも身を引くことができるのである。それでも、合理（ラチオ）が探偵小説において、この同盟に忠誠を守るとすれば、それはひとえに、一次元的な思惟が、

（登場人物の）同一性を措定しようと努める中で、合法性を合理の最愛の子に仕立てるからにほかならない。事実また、それによって、違法なものはあっさりと私生児に転落させられるのである。

イデオロギーの体系は、無限性の中でこの方程式を結末まで推し進めることができるかもしれない。美学的な形象物の有限性の中では、その完結は拒まれている。探偵が警察と同じ目標を追求しているとしても、出来事はすべて、探偵を警察から区別し、探偵の自立性を証明するために生起するのである。法的な義務からの独立性が明白になるように、探偵は私人として特徴づけられる。私人として、探偵は自由意思で事件を引き受け、そのつど警察と協力するが、警察に組み込まれることはない。その関係は緩やかなものである。この目的共同体は、せいぜい犯人の発見――これは警察の任務の一部である――までしか存続しない。解決は純粋に合理の仕事であるので（あるいは少なくとも美学的には、合理のもっとも本来的な任務と捉えられる）、探偵が勝利しなければならないし、また、カール・レルプス（前掲書『闇からの手』）が俗な表現だが、正しくも述べているように、「官庁の警察機関に対しては、優越の栄光に」輝かなければならないのである。典型的な探偵小説は、探偵をこうした諸機関から区別するために、彼を社会的な条件から外してやるのだが、それだけではない。探偵の行動に、けっして必要以上の目的規定を与えてはならない。探偵が、合法性にあまり関心を示さないことを説明するためである。「探偵は道徳心の持ち主であってもよい」と、レルプスは述べている。「法律違反者の敵対者として、法的見地からしてもっていなければならない程度には。だが、彼を行動へと駆りたてる本質的要素は、（彼を創造した作家の立場からすれば）別物である。それは大脳の中にあるのであって、心の中にあるのではない。それは、近代の知性人間の支配欲のかなりの部分を占める……」。つまり、探偵と警察は闘う武器が違うのである。というのは、警察が理性的な努力を傾けるとしても、探偵のようには合理（ラチオ）の手段を意のままに用いることはできない。警察は公共の手段であり、法の代理人であり、そのことが警察に限界を設ける。合法性は、社会のある部分の原理を他の部分の原理に対して閉ざすのだ。だから、合法性に身を売り渡している警察は、違法の領域には合法的機関としてしか侵入することができない。その活動は、ここでは合法的活動に限定されている――探偵の方は、合法に対しても違法に対しても無差別に行動できるのである。探偵と比べると、官憲はいかにも愚鈍だし、そのやり方は残酷に見える。官憲はまずもって合法性の守護者であらねばならないので、合理（ラチオ）に由来するとしても、それとは独立した権力の任務につくことになる。警察はたえず合理的なプロセスを破綻させるのだが、しかもそれは、プロセスの一貫性に適合しない志向のもとに行われる。それゆえに、合法性原理の権力によってではなく、論理的な推論方法が仮借なく応用されることによって、事件が解決されるところでは、いつでも背後に退くことを余儀なくされる。だが、罪人（つみびと）の内面が犯人の不可視性と化し、神の摂理が合理（ラチオ）の中に消える圏域において、諸力の抗争が遂行されるときには、この論理的な推論方法のみが、謎解きの目標に到達できるのである。レルプス（前掲書）も、このことに言及している。もっとも彼の認識は、悪しき経験主義の麻痺した媒体を見抜いてはいないが。「犯罪捜査には、いつも隙間が現れる。たえずとてつもない犯罪者が現れ、警察の捜査能力を、残虐な力を発揮して、あるいはコスモポリタン的な洗練さを見せつけて、あざ笑うのである。

ほとんど把握不可能なまでに洗練された現代生活の繊細さと多様さは、治安権力の数的な劣勢を、迅速な動きと弾力的な警備態勢によって挽回する柔軟な武器と対応能力と変身能力を要請する。警察機構は、このような条件の十分な達成を阻害する鈍重さからどうしても免れえないのである」。

警察との関係において、探偵の優越が表現される様式手段は、イロニーである。合理(ラチオ)は、合法的な権力に対抗してイロニーを用いるのである。ふつうは以下のような手順がとられる。スコットランド・ヤードの警部が、一見したところこれ以上ないほどもっともらしい理論にしたがって、事件に取り組む。シャーロック・ホームズは、忠誠と信頼性を絵に描いたような司直の無能さを放任しておくが、その誤認捜査の時間を利用して、自力で問題の解決を見出す。この解決が、先のもっともらしさの嘘を暴くのである。屈辱を味わわされた警部は、好意的な探偵が彼を慮って公的な認知を放棄することで、出来事と和解するのである。このイロニーは、優越が無知に帰するソクラテスのイロニーとは違うし、またおそらく、絶対者に関わりをもつ者――この者にとっては、どんな権利主張も、どんな決定も両義的になる――の独白的なイロニーとも違うだろう。探偵小説におけるイロニーは、最初は隠れているが、あとになってそれだけいっそう輝かしく明快に姿を現す合理(ラチオ)が示すジェスチャーなのである。ジェスチャーでしかないというのは、イロニーは逆転に導く者の最終的な不確かさを前提としているからだ。さもないと、イロニーは導くのではなく、欺くことになる。ところが、絶対性にまで高揚した合理(ラチオ)はもとから、イロニーの空疎化した形式だけしか授かれない立場にいるのだ。合法的なもののうぬぼれは、合理(ラチオ)にぶつかって撥ね返されるのであり、合理(ラチオ)との相互関係を築くことはない。警部が始めは自分の無謬性に酔いしれ、最後にはゲームに敗れたことを告白せざるをえないとき、この認識をもたらした教訓が、教えを受けた者を教師の相対性にまで連れ戻すとすれば、その教訓は本物のイロニーをこめて教示されたと言えるであろう。しかしながら、探偵は自身の絶対性を主張しているので、彼の見せかけの無知は安っぽい冗談にしかすぎず、（弟子と教師の）相互依存を志向することにはならず、自身の確実さに必要な浮き彫りを施すものでしかない。たしかに、一方の者は限界に追い込まれるが、この者が屈する権威は、自身を最高の地位に据えているのだから、本当ならばこの傲慢ゆえに、権威自身がイロニー化されなければならないのであって、屈する者をイロニー化してはならないはずである。うぬぼれた司直の躓きが暴露されるとともに、この権威は姿を隠すのだが、そこに示される態度は、実のところ司直を愚弄することでしかない。これは、合理（ラチオ）が構築した圏域の諸力から、自律的な合理（ラチオ）を際立たせる手段なのだ。司直を愚弄することに成功すれば、探偵は発見の栄誉を競争相手の役人たちに喜んで譲ることができる。司直はずっとあとになってやっと、主の遣わされた天使とではなく、主自身と争ったことを知るのである。合理（ラチオ）の表出者としての探偵は、報酬を求めず、その放棄によってせいぜい、彼が社会的に統合されていない人間であることを告知するだけである。

　警察、探偵、犯人という三人の登場人物によって意図されたことは、かれらが歪曲している本来的なものに向かって、かれらを透過して志向される度合いが高まるにつれて、透明さを増していく。探偵はますます、切り離された合理（ラチオ）の無意味な無差異から脱して、無差異によって覆われているものを自身の内部に取り込んでいく。つまり、探偵は固定化を超越しようとする倫理的なものの担い手になり、たとえどんなにふさわしくなくとも、「上」とつながりをもつ者たちの特性を代表するのである。合法と違法の対立もまた、この眼差しの回転によって関係を取り戻す。もっとも、名の欠落している世界、「上」の領域が完全に内在へと関連づけられる世界は、不完全にしか、現実によって満たされない。登場人物たちは、自分が措定されている諸力の場で、その力の意義を、自身を透過させて輝き出させようとするかもしれない。だが、その意義はヴェールに包まれ、ヴェールを開くことはできないのである。超法的なものはこの世界には居場所がないので、直接的に現実を志向する意図の貫通力が強まるにつれて、合法の方ではなく、違法の方向にはるかに強く傾斜していかざるをえない。合法的なものは、法の被覆としての境界づけを求めるのだが、追放された「上」が、合法の領域以外のところに避難所を見出すときのみ、合法的なものは境界づけられるのである。それゆえに、探偵小説の堕落したカテゴリー的材料の中で自身を表現しようと努める存在特性が強まれば強まるほど、名をもたない秘密は、それだけますます内的に深く、無法——無法のみが、法を条件づけることができる——と同盟を結ぶことになる。この意味づけの結果、秘密との関係を保つ者たちの代表者である探偵は、出発点においては、切りのよさからとりあえず合法の仲間入りをするが、しだいに合法から離れはじめる。探偵の人物像はますます透明になり、最後には消えてしまい、最後の薄い皮殻を通して、本来的に意図されていたものが、輝き出すのである。

超越化が始まるのは、無差異という理由からではなく、倫理的なものの代理人としての合理(ラチオ)が、合法から離脱するときである。探偵が最後に退場するのは、謎解きのプロセスに満足するからではない。彼が退くのはむしろ、合法性の裁きが、倫理的な面から見て、不十分だからである。事件が司直の手によって誤りなく処理されるには難しすぎる心配があるときには、彼は警察を無視し、自力で逃げ道をさがし求める。見かけでは不利な容疑者に、逃亡の機会を与えてやったり、無実の人たちが巻き込まれている事件を隠蔽したり、外的な状況のために会うことができないでいる愛し合う者たちに、出会いの機会を与えてやったりする。——要するに、彼は祭司のような人間、法の上にあって支配し、運命を司る「合理仕掛けの神(デウス・エクス・ラチオネ)」となるのである。こうしたことすべては、ただ示唆されるだけであり、心理的に歪曲されている。なぜなら、美学的な形象物を支配するカテゴリーの方が、このカテゴリーを破裂させる意図よりも強力だからである。それにまた、意図を直接的に表出しようとするどんな試みも、これらのカテゴリーの内在的な意義を削除してしまうことはないからだ。まさにこれらのカテゴリーによって、秘められたものが意図されているかもしれないのである。

探偵がさらにもっと決定的に出発点から離れていくのは、彼が倫理の担い手として違法なものに近づくときである。犯罪者との連帯感、情熱のゆえに迷える者に対する賛美の念、これらは少なくとも、関係性から滑落した合法的なもののいかがわしさ——すでにこのいかがわしさが、存在することのパラドックスを表出しようとするものでないとして——を白日のもとに曝すのである。ドイルの短編の中でシャーロック・ホームズは、現代的な強盗用具一式を装備した盗賊として活動する。[1] 高利貸しから、合法的な手段では入手しえない借用証書を盗み出すためである。ホームズはこの仕事をなんなくやってのけるのであるが、そのときいつでもそばにいるワトスンに向けて、彼の口からため息に似た言葉が漏れる。「私にはどうやら有能な犯罪者の才能があるらしい」。だがここで、修辞的な脱線以上に重要であるのは、ホームズが自分の窃盗のことだけでなく、忍び込んだ家で目撃した一人の婦人と金貸しとの間に生じた修羅場――金貸しは婦人に銃殺される――のことを、警察に黙っていることだ。探偵はここでは明らかに、硬直した祭司としての警察が体現している法に反する行動をとっている。同時にまた、隠れた超法的なものとの関係をもつ隔離された者として、免罪に値すると思われる婦人の過誤を赦すのである。

実際また、「上」とのつながりをつけ、社会全体を包括し、かつ観照する者に探偵が変様するのは、低い領域において受け入れられるリアリティには、あまり適合しない。むしろ、社会全体に新たなつながりをつけるために、硬直した合法と闘う合法性の敵対者へと超越化する方が、より適している。というのは、神的なものが内在に追放されるとすれば、合法は正当性を失うからだ。そして、アウトローの領域で蠢く諸力による以外には、合法は関係性に統合されないからだ。自己充足的な固定化に反抗するこの諸力は、超法的なものの一時的な、不純な居留地であり、この超法的なものは自身の超越性を認めさせるために、これらの諸力を間に合わせの道具として用いるのである。それゆえに、本来的なものを志向する形象化は、小説の中では与えられていない地位、つまり社会全体の上にある地位から、探偵を引きずり降ろし、違法自体の代表者たちと融合させるのである――とりわけ、超法的なものを思い起こさせるのにふさわしいのが、怪盗紳士である。美学的な全体性が、合理（ラチオ）によって条件づけられた世界だけを写像するかぎりにおいて、怪盗紳士は、実存的な人間の対応物として用いることができるのである。眼差しの転回によって、登場人物に発言力が与えられるならば、怪盗紳士は合法的な社会を告発する証人となり、完結的な合法性が拒否する秘密を表出することができる。合法性が破られるのは、彼が違法なことを犯すからである。そしてまた、その違法性が応急処置であることが証明されるのは、彼がけっして合法性と決裂しないからである。本当のことが語られない沈黙の世界においては、怪盗紳士は、関係性の中では一体のものであるべきふたつの領域を隔てている深淵に架橋しようとする空しい試みである。探偵は、彼とうまく同一化することができない。というのは、合理（ラチオ）はどちらの領域自体にも、またその作為的な統一にも位置づけられないからである。だが、合理（ラチオ）が、つながりをつける本質の透明な皮殻となって現れるとき、また同時に、合理（ラチオ）が導いていくべき先の「上」が、探偵小説において把握されるリアリティの非現実さに順応して内在に埋没させられるときには、つながりの役割を与えられた探偵を、特別な形象物として主張する必要はもはやなくなる。彼を分離する第三項は明示されていないのだから、いまやすべてを意味するふたつの力のせめぎ合いの中に、彼は合一することができるのである。探偵が純粋に犯罪者になるとしたら、閉じられた合法性が彼によってこじ開けられることになるであろうから、内面が噴出しなければなるまい。だが、支配的なカテゴリーによって措定された外面が、違法を合法の領域から分離しているので、彼はせいぜいのところ、どちらの側にも出入りする二重の人物としてしか、合法性の領域に攻撃をかけることができないのである。

小説の世界では、探偵＝詐欺師のタイプはとっくに形象化されている。モーリス・ルブランの信じがたいアルセーヌ・リュパンも探偵である。ただ、彼の才気は警察と同盟を結ぶのではない。彼は、違法な冒険のゆえに、無差異を放棄するのである。この冒険は、けっして断罪されるべき犯罪ではない。むしろ、犯罪を装うものであり、深刻な結果をもたらさない。無認可の領域での知的な戯れである。その唯一の規定は、合法的なものの確実さを破壊することであり、知的な戯れは、合法性をその不当さゆえに否定するのである。合理（ラチオ）のたくみに形成された進行として、いつも同じ形式的なプロセスの例として、その戯れは事実的な重みを免れる。警察を攻撃し、正規の活動を不安に陥れるのに必要なぶんだけしか、本来の意味をもたない。いかにリュパンの違反が「社会」に向けられているかは、怪盗自身の態度が証明している。彼は市民をあざ笑い、お抱え紙に任命した新聞に自分の意図を公に発表し、監獄をまんまと脱出したあとで、不思議がる警部にその誉れ高き仕業の細部を説明してやるのである。だが、彼が代理を務める超法的なものは、法を根拠づけるためにこそ、法を動揺させるのであるから、彼は合法的なものを法の残留物として、非難するのと同じ程度に認知しなければならない。このことを表現するためには、彼の外面である紳士の職業に熱心に打ち込む以外に方法はない。だから、この権謀術数にたけた男が、英国の使節との会話において状況のすぐれた掌握者であることを見せつけるのも、なんら不思議ではないのである。その一方で、社会的なものの放棄に強調がおかれるのだが、その放棄の倫理的な正当化は、せいぜい心理的な媒体によってのみ、提供されるだけである。リュパン少年が——彼の創造者にして、かつ伝記作者のみが報告しうることであるが——はじめて法律の条文に違反したのは、伯爵家での屈辱的な生活から彼の母を解放したときであった——合法的な行為に対して、違法的に抗議した子供心の感動的な特性である。この抗議の意義がはっきりと現れてくるのは、とりわけ冗談好きのルブランがホームズを引用して、抑圧された社会を守るのだと言うときである。むろん、文学的な正当化においても、ホームズはもう一方の者の好敵手となるけれど、だからといって、ホームズが不利な立場にあることに変わりはない。というのも、高次のものを知らないがゆえに漂泊する合理（ラチオ）は、悪しき市民性と盟約を結ぶ合理（ラチオ）に対しても、対抗できなければならないからである。探偵がはじめて、一流の実践的社会批評家として把握され、かつ尊敬されたのは、フランク・ヘラーの一連の小説においてであった。その希薄な雰囲気と明朗で謙虚なイロニーは、アナトール・フランスを想起させるが、その中でフィリップ・コリン氏、別名ペロタルド教授は、腐敗した社会を些細な違法行為によって攪乱するという道徳的な仕事をやってのける。彼は合法性に対して反乱を起こすサロン異端者である。彼が他人の持ち物を私的な利用のためにポケットに収めたとき、それは窃盗だったわけであるが、彼が真実に拘泥しなければ、合法的なペテン師をペテンにかけたというだけのことにすぎない。ここにペテンをかけつつ表出しているのは、依然として合理（ラチオ）である。なぜなら、合理（ラチオ）が社会全体の営為を条件づけているからだ。だが、「上」を意図する合理（ラチオ）の志向は明白である。ひとえに全体に対する合理（ラチオ）の支配が、「上」自体が全体を支配することを妨げているのである。

　探偵小説のカテゴリーが完全に破壊されて、合法と違法との関係が、両方の領域に属するひとりの人物によって外面的に呈示されないとすれば、いいかえれば、本来的なものが、深淵について語ることを許す直接的な言葉を獲得するとすれば、内在になおも閉じ込められている「上」は、犯罪者——その行為は、彼を擬似 - 法の共同体から分離する——と同盟を結ぶことになるだろう。そうなれば、探偵は消える。というのは、合理的なプロセスの無差異は、秘密からの呼びかけに完全に譲歩するからだ——探偵は犯罪者の中に消え去り、犯罪者が内面性の弁証法〔3〕の中で、超法的なものとわたり合うことになる。あるいは、犯罪者の心理（たましい）こそ、超法的なものが介入しうる場となるのである。合理（ラチオ）は犯罪者を暴くが、見出すことはないのに対して、犯罪者は見出されるために、みずから暴かれるのである。ドストエフスキーの「犯罪小説」では、犯罪者は愛を我が身に引き受ける不幸な人物であり、問いかけである。この問いかけは、秩序を復活させようとするなら、答えを必要とするのである。——だがいつでも、彼は罪を負う人、内面の人であり、彼の救いと関係性とのつながりに、被造物としての正当化が依存している。探偵が彼を追跡するのではない。犯罪者がみずから現れてくるのである。彼の行為は、合理（ラチオ）の勝利ではない。合理（ラチオ）は、自身が透明な被覆でしかないところでも、超法的なものへの関与を証明するために、違法をプロセスに巻き込まないではいられないからだ。彼の行為は、おのずから意義を獲得することができる存在物である。もっとも、犯罪者だけが、身を隠して彼の周りを漂っている秘密を取り囲むのではない。彼の対立者もまた夜中に、現実に呪縛された幻視となって、彼の前に姿を現す。救済者の夢、つながりをつけ、行為を罪に変様させ、罪を恩寵にゆだねる人間の夢が現れる。主なる神は、大審問官に接吻する。法の力を限定すべき人でありながら、法を根拠から分断することによって、法を裏切る大審問官である。アリョーシャはイワンの希望である。そしてレフ・ムイシュキンは、殺人を犯したロゴージンのもとに留まる。〔4〕この出現者たちを通して、秘密は超越へと送り還される。かれらは罪人（つみびと）を救済するのでなく、聴聞するのである。かれらが罪人から離れていくとき、探偵はかれらに変様することもできるし、あるいは、犯罪者に変様することもできる。――探偵は、法を否定する闇の人であると同時に、法を超えたところでの和解の仲介者でもある。そして、後者が前者に寄り添うときにのみ、合理的なプロセスによって本当に意図された出来事が起こるのである。それは、ドストエフスキーにおいては、異端者から聖人への奔流であるが、そこからはまだ法の巌は姿を現さない。それはまた、違法と超法の同盟でもあるが、この同盟にとっては、どんな秩序も暫定的なものにすぎず、どんな暫定状態も確実すぎるように思われるのである。だが、満たされた中間は、どんなにその必要性が経験され、アウトローの領域とのパラドックス的な関わりが理解されたとしても、現実とはならないので、この法の彼岸の領域においては、あらゆる実在物が無制限に出現する――人物と事実との連関が、探偵によって究明されるのではない。人格と行為の統一が、秘密を眼前にして、おのずから明らかになるのである。

訳　注

〔1〕『シャーロック・ホームズの帰還』（新潮文庫版）所収の『犯人は二人』。

〔2〕『怪盗紳士リュパン』（創元推理文庫）所収の『女王の首飾り』。

〔3〕キルケゴールの用語で、内面性の弁証法、または主体性の弁証法ともいう。絶対者との関わりにおいて、「主体性が真理である」ことと、「主体性が虚偽である」ことの弁証法を指す。虚偽とは罪を意味し、絶対者が自己の内面には存在しないことを表す。

〔4〕イワンとアリョーシャは『カラマーゾフの兄弟』の登場人物。イワン・カラマーゾフは虚無的な無神論者であり、その弟アリョーシャ・カラマーゾフは純粋で敬虔な人物。〈大審問官の伝説〉は、イワンが書いたとされる。レフ・ムイシュキンは『白痴』の主人公で、素朴で純粋な人物。ナスターシャを殺害したロゴージンをやさしく愛撫する。

プロセス

探偵小説において形象化され、核心となるストーリーは、謎解きのプロセスであり、探偵がこのプロセスを遂行する。このプロセスは、つながりをつける業の対応物である。このつながりがどのようにつけられようとも――内面への孤独な回帰であるにせよ、祭司である人が、罪深き人を法に向かわせるにせよ、あるいは法から遠ざけるにせよ、異端者が自身に帰属させた法を呼び出しつつ、硬直した法に対して、反逆の烽火をあげるにせよ――つながりは出来事であり、現実性を証明し、つながりの中に現実性を保持する。なぜなら、出来事が被造物とその条件とを関係づけるからである。現実性は状態ではない。それは証であり、聴き取ることであり、答えることである。それは道、あるいはプロセス、神学的な言葉を語るとすれば、救済のプロセスである。みずからの内に安らぐことのない内在は、この救済のプロセスを切り拓いていかねばならない。このプロセスの中に、方向づけられた人間は踏み込んでいくのである。彼は、最終者を考えることによって自身を飛び越えることなく、最終者へ向かう関係性へと自身を投入し、かつ投入される。最終者に向かう彼の動き――キルケゴールはこれを内面性の弁証法と名づける――こそ、彼を現実性の中に組み込むのである。というのは、人間の相対性のゆえに、認識上では把握しえない絶対者に向かって緊張するかぎりにおいてのみ、そしてまた、絶対者に向かう緊張の中で答え——彼の問いかけが向けられ、しかもまたしても問いかけであるかもしれない答え——をそのつど受け取るかぎりにおいてのみ、彼は現実であり、現実を把握しうるからである。この現実性の中でこそ、認識が実存する人間によって担われ、またその中でこそ、絶対者との関係から生じてくる認識が、実存を排除することはない。だが、自立した合理（ラチオ）が、自身に要求する絶対性によって、絶対者を対象化しようとするやいなや、現実性は失われる。言葉で表現しえない絶対者は、内面性の弁証法によってのみ、相対者に寄り添い、相対者によって呼びかけられ、あるいは相対者に呼びかけることができるのだが、いまや絶対者は、合理（ラチオ）の客体へと解消するのである。合理（ラチオ）は、この客体を無限性に移しかえるが、この無限性を超越として、さらに相対者の内在から分離することはない。あの実存的な弁証法によって生み出された、超越者とのつながりは、相対的な人間を現実性にまで引き上げるものであるが、このつながりもいまや、無限であり、かつ悪有限のプロセスの弁証法へと変様する。そしてこの弁証法は、相対的な内在領域から出発して、なんの飛躍もなく、この領域とはいまや区別されない絶対者の方に移行していく。関係性のなかで経験された超越的な規定は、内在的な合理（ラチオ）によって措定された諸観念へと歪曲され、それによって人間には、目標が呈示されるだろう。その目標は、人間に進むべき方向を示しながら、合理（ラチオ）が全体性を踏査しうるように、人間を無限の中に立ち止まらせるのである。このような目標は、全的人間には当てはまらない。全的人間が、それらの目標と関係をもつとすれば、到達しうるであろうが。そうした目標は、全体性を思惟可能にするために措定された、合理的プロセスの終結点である。このプロセスを遂行する合理（ラチオ）が、みずからの絶対化の結果、全的人間としての弁証法——ここにこそ、支えが示されているのだが——から離脱してしまったために、このプロセスはそもそも終結点を見出すことができないのである。合理（ラチオ）が自身を解き放つやり方に応じて、現実の諸現象は異なる歪曲を受け、完結的な諸体系は、絶対者をさまざまなやり方で封じ込める。これらの体系すべてに共通しているのは、まずもって絶対者を念頭におき、それから絶対者への緊張感に源流をもつ現実の諸認識を抑圧することである。自律的な合理（ラチオ）の要求にもかかわらず、内在的なカテゴリーがどうしても打破されず、本来的なものがそのカテゴリーの助けを得て、自身を表出しようとする場合は、合理（ラチオ）は最後にはみずからの内に沈み込むであろう。その結果は、始原の無から有（なにかあるもの）の全体にまで到達しようとする、プロセスとしてのプロセスである——この企てにとって、結果は事実上、口実としての意味しかない。自身の存在論的な残留物を奪われた超越論的主体の展開する、この空疎なプロセス——合理（ラチオ）によって原子化された内在を組み立て直すプロセス——を、探偵小説は美学的に表出するのである。探偵小説は、もちろんこのプロセスに嵌まって際限なく延々と続くわけではなく、結末を迎える。なぜなら、探偵小説は、合理（ラチオ）に「合致して」様式化された世界を統べるからである。

探偵小説における行為＝筋（ストーリー）が、知的な行為とみなされることは、探偵の現象形態を証明している。探偵には、心理（たましい）が欠落しているだけでなく、その仮象さえもない。探偵が身体を有することは、美学的に要求されるとしても、その行動は、肉体を包括する全体的形象の企てというよりは、必要に迫られて感性的な媒体に押し込まれなければならない合理（ラチオ）の企てである。かつての「俗悪・通俗文学」の英雄たち、すなわち、冒険者、盗賊、インディアンの酋長たちは、屈強な肉体を有し、それがかれらを窮乏や辛苦に耐えさせ、敵に対する優勢を保証したのである。それに加えて、かれらがどれほどに性格の偉大さや狡猾さを自分の所有物と考えたとしても、読者の興奮を生み出した驚異的行為は、なんといってもかれらの身体の行為であり、豪快な出来事であって、そこでは原則として、狡知と手を組んだ肉体の暴力が決定的だったのである。もちろんたしかに、探偵もやはりスポーツマンとして完璧であり、レルプス（前掲書）は探偵をこう描くのもしかりである。「彼は屋根の上でも地上でも、同じように敏捷に行動し、乗馬をこなし、泳ぎにたくみで、車を運転する。彼は猫のようによじ登り、チロルの密猟者のように射撃がうまい」。しかしながら、こうした能力は探偵小説においては、世の中を闘い抜くすべを知る不屈の肉体の自己表現ではなく、合理（ラチオ）がみずからの認識の正しさを証明するための手段なのである。というのは、身体的な手段がそもそも用いられるとして、それらはけっして探偵を勝利に導くような、あるいは出来事の転回点を呼び寄せるようなものではないからである。むしろ、行為＝筋（ストーリー）は論理的な操作から成り立っており、これが犯人の究明につながるのである。スポーツマンふうの展開はせいぜい、この理論的なプロセスを実践的に明快に示すという任務をもつにすぎない。それが展開されるのは、すでに精神的な行為が遂行されたときであり、それ自体の意味を要求することなく、先へと前進する知性の委託を受けてのみ、行われるのである。この展開は、知性の働きを、身体的なリアリティによって支援するのであり、みずから出来事の進行を支配するのではない。

ことはむしろ逆であって、身体の活動などはとにかく排除し、探偵のあらゆる手法を目に見える現象からできるだけ撤回して、超越論的主体を曇りなく出現させようとする努力が支配的である。英雄の身体的な活動はなくなり、重点は徹底して瞑想におかれる。瞑想を実現するには結局のところ、身体的な努力は無用だからである。合理（ラチオ）の絶対性は、相対的な諸力の無関与を要求する。それは、美学的に具象化されるところでは、無肉体、無形象にまでいたる。形象化されたものは、すでにカテゴリー的な形成の結果であるからだ。身体的な依存性に順応した場合には、人間の中間的存在が免れることのできない形象に留まらねばならないだろう。だが、そうであるとしても、合理（ラチオ）は超形象的なものを戯画化する。この超形象物は、中間的存在との関係の中でしか求められず、また形象との自由な結婚によってしか受胎されないだろう。そして合理（ラチオ）は、肉体を皮殻とみなし、皮殻を悪とみなす行為へと変様するのである。

　世界創造原理としての合理（ラチオ）——合理（ラチオ）は、最終的には自分がそうであることを知っている——には、なにひとつ前提があってはならないので、探偵小説は知的なプロセスを無から起動させようと努める。探偵小説は典型的に、違法な事実の「それ（エス）」に出発点を求める。[1] それは、中性化された事象であり、そこにかけられた謎の知的な克服には、もともとなんの困難もないような性質のものである。殺人、盗難、失踪など、どのような事件を扱おうとも——つねに探偵小説は点としての出来事であり、合理（ラチオ）には把握しえない全的人間との諸連関から切り離されている。つながりが生じるところでは、出来事は人格に関連づけられ、人格の現れが出来事となる。ところが探偵小説では、出来事は原子化された内在の構成要素とされるので、人格から分離されるのである。この出来事は、なんらかの性質をもち、自身を生み出し、かつ自身を代理させる存在の表現としての事象ではない。この事象は、それが指し示すべき本来的なもののしるしでもない。事象はそれ自身に尽きるのであり、なにか他のものを意図しているのではない。事実の断片の寄せ集めとしての事象は、解明されるべき結びつきを生み出せという要請を携えて、知性に近づいてくる。この結びつきは、その意図からして完全に合理的に解明しうるものである。というのは、諸単位の連関がここでは問われているのだが、この諸単位は、いまや現実の出来事の還元物でしかない。それらは、関係性から疎外された事象の残滓であり、美学的な媒体においては原子を表し、緊張の中にある実存的な存在を喪失している。もしこのような実存的な存在があるとすれば、これらの単位をあますところなく時間空間的な構成体に織り上げることは不可能になるだろう。だが、生の形象がこれらの単位から撤退するとき、合理（ラチオ）は残留物を占有して、物象化された内容物の間に架橋することができる。その内容物の意義が問われることはもはやないからである。——事象の歪曲は、発端をなす事実を最小限の事象に限定することによって補われる。探偵小説に典型的なのは、合理（ラチオ）はある材料を見出すのだが、それがあまりに不十分なので、合理（ラチオ）によって稼動されるプロセスにとっては、ほとんどなんの手がかりも与えないように見えることだ。合理（ラチオ）にあらかじめ呈示されるわずかばかりの事実は、とりあえずは突破不可能な闇を広げる。あるいは、見込みのありそうな展望を開くとしても、きまって誤認に誘い込むものであり、愚鈍な刑事警察を誘惑するだけである。いずれにしても、プロセスの始まりには方向性を与えるようなデータはほとんどない。たとえば、ふつうはそれと認められる痕跡にしても、意図的に混乱をきたすように配置されている。だから、素材自体この無秩序に秩序をもたらす手がかりがまったくないのは、素材自体のせいではないかと思わざるをえないのである。合理（ラチオ）がスタートしなければならない原点の狭窄は、すべての観念論的内在哲学につきものの、無から出発しようとする努力に対応している。絶対性の天空にまで成長した超越論的主体が、形象化の仕事を引き継ぐとき、客体は形象を失う。そして、ラスクが示したように、認識の総体に関与する客体の部分は消失する。それゆえ、全体性を創出するプロセスは、実際にどの程度かは別として、理論的には前成の所与物を想定しないのである。この所与の非所与性は、探偵小説においては様式原理となる。この原理は、知性にとって手がかりとなる事実の数を削減するだけでない。さらには、連関を構築することさえ不可能に見えるように事実を配置することによって、無さえも超えて、マイナスの側に行き着くまで、事象を還元するにいたる。だが、最初に提供されるデータの奇妙さ、あるいは矛盾は、認識のプロセスを材料への執着から解き放つためには、そして超越論的始原の自己充足性を証明するためには、美学的に正当なテクニックなのである。

「『殺人者は、若くて、中背よりは少し背の高い男です。あの晩、彼は粋な身なりをしていましたね。山高帽子をかぶり、雨傘を携えていた。彼は、吸い口をつけたトラブコ葉巻を吸っていました』……『それはちょっと言いすぎじゃないかな』とジェヴロール（予審判事）は吐き出すように言った。『そうかもしれません』とタバレは応じた。『でも、本当ですよ。もしかして、ジェヴロールさん、捜査のとき、あなたは私ほどには厳密じゃなかったのでしょう。でもね、お願いですからいまちょっと、この濡れた石膏をよく見てもらえませんか。これは、殺人者の履いていた靴のかかとの型どりです。明瞭な踏み跡は、鍵が発見された溝の近くにあります。この紙に、私は足型全体を描き出してみました。残念ながら、全体を石膏で型どりすることはできませんでした。微かな足跡は、庭の砂の上に見つけました。でも、高いかかとと高い足の甲、狭くて小さな靴底は、明瞭に見てとれます。——エレガントな紳士の靴です。この靴跡を、私は外の街路でさらにふたつ、それから、あのあとだれも入っていない庭で五つ見つけました。ついでながら、このことは、殺人者がドアではなくて、彼が明かりを見た窓の戸袋をノックしたことを証明しています。庭の入り口からさほど遠くないところで、彼は花壇を飛び越えています。すこし深く沈み込んだ靴先から、そのことが推理できます。二メートルの幅を彼は容易に飛び越えています。つまり、彼は敏捷です。別の言い方をすれば、まだとても若いということです。……彼が傘をもっていたことを私が知っているのに驚かれますか？　私は傘の先端から布を留めている部分までの跡を見つけました。これがその石膏の型どりです。それに暖炉の灰の中にトラブコ葉巻の吸殻を見つけました。葉巻の先端が少しでも嚙み切られているか、ご覧ください。それとも、先端が唾液で湿っていたとでもおっしゃるんですか？　ですからね、葉巻用の吸い口を使っていたんですよ』」——ガボリオの『ルルージュ事件』[2]からの数行は、仕事をするタバレ（本書六七頁参照）を描いているが、核心的なプロセスそのものの典型的な展開について明快に教えてくれる。このプロセスは、美学の領域において、認識主体に内在する原理に即して、粉砕された直観的材料の中に法的な関連を見出す合理（ラチオ）の自発性を反映している。もっと言えば、この（任意に取り出された）

例は、まずもって、素材を直観の多様性にまで分解する努力が支配的であることを証明している。感性的知覚のカオスにまで後退することはありえないとしても、それでもともかく、所与のものは、美学的に可能な限界まで奇形化されて呈示される。この奇形物を、知性はその形成力によって、対象へと変様させるのである。だが、探偵小説は、素材に受動性を運命づけ、さらに合理(ラチオ)の介入からも免れさせることによって、素材の本来の形態を奪ってしまう。靴と雨傘の跡から、探偵タバレは推論を導くのだが、それらを彼は苦労して採集しなければならない。彼の仮説を完璧なものにする葉巻の吸殻は、捜査陣の眼から逃れて暖炉の灰の下に埋まっているのである。この素材の関連性からの逃亡は、素材をそれ自体にはなんの秩序もないたんなる物質にまで格下げする。そればかりか、形態を獲得するためには、知性の作業を必要とするのである。超越論的主体が立法者であることを証明するために、客体はラディカルな破壊を受けるのだ。

実際また、美学的な様式化に際して、超越論的主体には、対象を創出するためのカテゴリーが付与される。探偵小説において、パズルの断片のように登場人物たちを形成する、固定した心理的な特性については、すでに別の個所（本書三二頁）において、一種の否定的存在論として把握しておいた。こうした特性は、間違いなく、緊張から離脱した存在者の残留物であり、美学的な構成によって、もはや消去しえない客観的な事象として受け入れられる。だが、これらの特性は、存在論的に客観的性質を有するものとして捉えることができると同時にまた、主体に内在するカテゴリー――内在的関連の創出を可能にするカテゴリー――の代表物としても理解することができる。それらが、存在論的な規定、そしてまた、カテゴリー的な規定という二重の意味を獲得するのは、問いかけから切り離された固定化によるのであり、この固定化は、これらの特性に関わる条件の連鎖を断ち切るとともに、その一方で、これらの特性を経験の条件とすることを可能にするのだ。それらの特性は、そこではアプリオリな綜合判断のごとくに行動する。この判断もまた、二重の意味に解釈しうる。ひとつには、経験された現実の極端な一般化としてであり、もうひとつには、超越論的主体の経験を構成する認識の本質としてである。カントがアプリオリな綜合判断と判定した、あのすべての規定は、直観の規定にしても悟性の規定にしても、同時にまた存在論的な残留物である。それらの規定は、客体の純粋な性質のようなものでもないし、かといって、もっぱら主体に付着するものでもなくて、緊張の中にある存在者の規定として妥当性をもっている。これらの規定は、相対性に服従し、かつ、自我を分かちがたく存在者に包み込む関係性の中に見出されるので、はたして、そしてまたどの程度まで、主体の、あるいは客体の一部であるのか、簡単には言えないのである。もちろん、その普遍性の度合いによって、それらの規定は、個別性を脱却したかに見える、なんらかの普遍的な主体に割り当てられ、そして、絶対的に妥当な認識という性格が刻印される。この性格が、これらの規定を人格に関わる洞察から、最終的かつ漸次的に区別するわけである。そして、こうした規定と、主体にのみ根拠をもつ公理的な観念の形象物とが同一視されることによって、この性格は、原理的なものにまで高められる。自我と世界とを結ぶ臍の緒を切断するやり方である。それは、関係性の中に与えられてある対象を、多様なものに空疎化し、論理学の基点にまで還元された主体を、対象の創造者と理解するやり方である。

だが、どんなに自我が、自身に内在する力によって世界を占有し、あらゆる圏域において世界を形象化する権限をもつとしても――デカルト以後の哲学は、おおざっぱに言って、自我の関与を発見し、確定した功績をもつのだが――合理（ラチオ）が世界カテゴリーを所有する権利を主張するのはまちがいであることも確かである。合理（ラチオ）は、現象を創出しうると思いあがって、対象を破壊するからだ。被造物にとって、対象との関係において、対象を経験することが当然であるという事実を承認することから、みずからを絶対とみなす主体にカテゴリーを委譲するまでは、ほんの小さな一歩にすぎない。だが、この一歩が、自我と世界との共生から踏み出していく一歩なのだ。というのは、自我が、共に被造物である物を形象化するために、自身に付与された形成能力を使用するのかどうか、すなわち、自我がまさに創造者として生み出されたことをみずから知り、それゆえに、絶対者を対象化することを禁じる緊張感を忘れないかどうかということと、自我があの形成能力を自分に引き寄せ、対象の由来を、自我自身が由来するのと同じ起原ではないと主張するのかどうかということは、異なるものであるからだ。前者の場合には、認識理論に措定された限界は守られている。客体と主体が認識にどのような貢献をするかは、未確定のままである。なぜなら、この貢献を厳密に確定すれば、主体は自身を超えて昇格してしまうであろうから。後者の場合には、同一性措定が遂行される。そして、カテゴリーは超越論的主体の能力として現れ、それとともに、まさに絶対者との関係性においては認識しえないものを、認識に即して処理する規定が定まってしまうのである。だが、合理（ラチオ）が昇格した結果として、超越論的主体は、自我のみに妥当するのではない存在論的な固定化を自分の側に奪い取り、それを絶対性の状態に移しかえることになる。この絶対性は、存在論的な固定化を、存在規定から存在創造の原理へと変様させ、世界とともに自分をも条件づけているものに服従しない合理（ラチオ）、世界を無から創出しようると主張する合理（ラチオ）の流露へと変様させる。そして、世界は無の中に沈み込むのである。タバレは高いかかとや高い足の甲や狭い小さな靴底の跡から、エレガントな紳士の靴だという推論をたやすく引き出し、また、追求される個人の敏捷な跳躍力から、造作なく当該の人物の若々しさを推論するのだが、タバレが個々の事実を分類するときの自明性は、彼によって導入された判断が完全に主体の側に移行し、いまや多様なものの中に結びつきをつけるアプリオリな綜合判断として使用されていることを示している。前成の所与から、それらの判断が読みとられるのではなく、前提とされるのである。世界はタバレにとって、すでにそれ自体で構造化された全体ではない。全体は、主体が有するカテゴリーの規定に即して、諸事実の原子集合の枚挙によって形象化されるのである。つながりが生じるところでは、精神と精神とが、心と心とが、形象物と形象物とが格闘するのに対して、ここでは形象をもたないもの、つまり形態を獲得する能力をもたないものの形成こそ、決定的なのである。

　所有しているカテゴリーの助けを借りて、探偵によって人格化された合理（ラチオ）は、多様なものの部分部分の間に結びつきを生み出す。内在的連関の統一は、理念の手段を用いて推論される。美学的なものは、全体性を具現することになるので、「プログレスス・アド・インデフィニトゥム」（不確定進行[3]）の結果を先取りし、完成された形で法則にかなった関連を生み出さなければならない。だが同時にまた、美学的なものは、現実のものが低い領域において受ける歪曲を際立たせたいので、様式に自信のある作家は、たいてい探偵という人物像を原則的に完結のありえない冒険の連鎖に巻き込む。そうやって、プロセスの無限性を明示するのである。統制的理念は、「悟性の活動の方向性にとって主導的な概念」であり、カント自身が表現するように、「条件の連鎖の中で絶対者へと上昇する」のに役立つのであるが、探偵小説においては、この統制的理念は発見的原理として現れる。探偵はこの原理を、その捜査方法の基礎に据えるのである。もし合理(ラチオ)が、現実のどこかに束縛されているならば、おそらく合理(ラチオ)は、全体性というものを、神と自由と不死の観念――これらの観念の中に、あの現実性を構成する存在規定が、隠蔽されたままふたたび現れてくるのだが――を志向するものとしてしか、考えられないであろうが。だが、自身に立ち戻り、探偵小説の中でその正体を顕わす合理(ラチオ)にとっては、全体性は、本来的な意義をもたない内在的連関そのものとしてしか、現れてこないのである。その理念は、合理的な活動に意義の次元を指し示すこともなく、この内在的連関の予示の中に浮かび上がり、そして埋没する。ホームズは出発点となる事実にはほとんど目もくれず、創造的な思索に沈潜する。この沈潜から、多様性の中に統一をもたらす理念が立ち現れる。そして、あの人のいいワトスン氏が連関を予感さえしないうちに、名探偵はすでに全体性の意識から行動し、全体性の理念にもとづいて、黙したまま部分部分を並べ合わせるのである。

全体性の理念は、プロセスが無でしかない始原から出発して、進んで行くべき方向を指し示す。プロセスが進行するとき、いつも繰り返し用いられる手段は、変装である。探偵は、彼の理論を証明し、連関を完全な形で呈示するために、彼を別人に変える仮面をつける。つながりが生起するあの圏域は、変装というものを、可能性としても手段としても知らない。可能性としてありえないのは、全的人間は「上」との関係性の中にあり、その関係性は自分だけにしか決着がつけられないものであり、その排他性は他のどんな存在との同一化も許さないからである。内面性の力によって生きるとき、個別者は取り替えることができない。というのも、自分以外にほかのだれも任命することができないからだ。手段としてありえないのは、それが役に立つようなどんな目的も与えられていないからである。内面への回帰は、内省に条件づけられ、仲保者によるものである。この仲保者には、回帰する者に本当の存在にいたる道を開示する以外に、どんな介入の手段があるというのか？　この変身する知は、自己自身の中に侵入し、それを緊張させ、そして連れ去ることができるかもしれない。だが、存在するものを別のものに変身させることは、存在者の不透明な性質のゆえに、なしえないのである。人格を取り替えることとは、その存在の場を規定している関係性から人格を引き離すこと、現実性を欠いた時間の幻影へと対象化することになるだろう。だが、実存が志向されているかぎり、自己自身は、任意に移し変えられ模倣されるような人物像ではなく、つながりの中でのみ素性を明らかにし、たとえ変わるにしても、つながりの中にありつづける実在である。その位置する場から動かすことができるとすれば、実在に時間を超える方向づけをし、その時間的なあり様に実存を付与している内面性が消失する場合に限られるだろう。しかし、実在はまさにこの内面性によって自己主張するのである。この内面性こそ、時間的な出来事を一回かぎりの繰り返すことのないものにし、時間から抜け出して別の自己へ脱出することが、見せかけであることを——自己から切り離された者たち、超時間的なものからも時間からも見放された者たちの欺瞞であることを——暴露するのである。だが、自身であり続ける存在者が自身の場からの分離である変装を嘲笑するのと同様に、存在者はまた、自身の場における開示を要求し、自身をその基底から明るみに引き上げるために沈潜を要求する。つながりの中で、人格は自己自身を顕わし、ここといまにその場をもち、内面は開かれ、現象は——どこでも、同じようなものであろうとも——取り替えようのないものとなる。本質の取り替えは、つながりを生み出すことはできないであろう。むしろ、つながりが取り替えの不可能さを生み出すのである。というのも、取り替えは、つながりによって自身の被覆から解放される本質を、否定してしまうからだ。

闇に包まれたものを明かすことは、おそらく明らかなものを包み隠すことでもある。キルケゴールの見解によれば、キリストが（身をやつして）辱めを受けるのは、キリスト自身であるがゆえに愛されるためである。ハルン・アル・ラシッド[4]が、身分を隠してバグダッドの街路を歩き回るのは、人に知られたカリフとしての彼には、けっして聴きえないであろうことを聴き知るためである。この高貴なるものの「匿名性（インコグニト）」は、超越の隠匿であり、超越の非具象化を意味する。この非具象化によって、超越はつながりの中でのみ、経験可能になるのである。もちろん、そのとき光明が輝けば、神的なもの自体が姿を現すのであり、人々がそれにどう対応したかによって、各自の規定が授けられる。だが、匿名性は、本来の本質を取り外す変装ではなく、他者を露出させるために、本質がまとうヴェールである。彼岸のもの、あるいはその美学的な表出は、この他者には現象においては告示されない。他者は、それに向かって緊張しなければならないが、それを知覚しえない。匿名性の意義とはつまり、内面性の顕示であり、現実性の中にあれという、存在者に対する要請である——認識の目的ではなく、救済の意義がそれと結びついているのである。現実性の圏域においては、けっして魂（ゼーレ）の取り違えは生じない。これを証明しているのは、取り違えが起こったとみなされる例である。任意の人間の姿を装う能力は、神々またはサタンに付与されている。変身が悪魔的な意図でなされるにせよ、それとも、処女マリアが騎士ツェンデルヴァルト〔5〕の姿になって現れたように、善きことをなすためにせよ、変身はいつでも、自然の方法では起こりえない奇蹟と解釈される。リアリティが限界を意味しない神話とメルヘンの中でのみ、姿の取り替えの謎めいた動機は保持されてきた。だから、民衆の想像力にとってドッペルゲンガーの現象が、昔から無気味なものとして経験されているのも、十分に理解できる。存在する者の領域は、存在物の混同を排除しているのだ。存在者の本質的性質が、この領域を構成しているからである。合理（ラチオ）がみずからを解き放つとき、関係性の中で熟成する本質は見過ごされる。そして、緊張感を欠いた人物像が、固定化した個別特性から組み立てられる。かれらは、内面の多義的な現れであるような外面をもたない。かれらは、内面が一義的に消失している外面である。硬直した要素から組み立てられた構成物は、疑問の余地のない確実性にまで成長し、すべて残らず複製することができる。合理（ラチオ）の支配のもと、つながりに代わって内在的連関に対する問いが現れるとき、内面への回帰にいたる自己自身の開示に相当するのが、探偵の変装である。この変装が、合理的プロセスの遂行に役立つのである。変装は、本質を解明する手助けをするのではない。むしろ、探求される全体性の部分部分の間にある結びつきを認識する手助けをするのだ。変装は、自身の偽装を免れようとする、なんらかの存在者の抵抗に遭遇することもなく、原子化した事象でしかない配置物、もはや存在もしない配置物の外面を獲得する。シャーロック・ホームズは喉をごろごろ鳴らせて、死に瀕した者の役割をみごとに演じ、あの忠実なるワトスンさえ、彼の死を恐れたのだ。[6] 偉大な英国人の精神的兄弟であるアルセーヌ・リュパンはそれどころか、近代の美容術を駆使して、若者であろうと老人であろうと、どんな人物でも非の打ちどころなく甦らせることができる。現実においては、どの存在も他のものとは同じでないが、ここではひとりの者がだれにでもなれる。探偵小説という、魔術を解かれた世界においては、もはや奇蹟ではないこの魔術によって、探偵は自身の内に担っている全体性の理念を、リアリティの中で検証することができる。たまたま眼前にころがっているゴミ屑を採集するためにのみ変装するのでなく、自分の理論を証明するために必要なミッシング・リンクを見出す意図をもって変身を行うのである。その意味で、探偵は変装することによって、気の向くままに開始した実験をコントロールする実験者となるのである。実験は変装と同じ圏域に属する。変装と同じように、実験は客体と主体の分離を前提とする。そして、自律的な合理(ラチオ)が、無形の多様性をカテゴリーにしたがって形成する役割を引き受けるという条件のもとでのみ、実験は可能になる。事実また、素材に対する探偵の絶対性を証明するために、美学的な構成物は探偵に、踏破されるべきプロセスの遂行に際して、いくつかの実験を行うことを委託する。それらの実験は、事実への拘束から彼の捜査活動を解き放ち、合法則的な連関を打ちたてる構成的意味を、理念に付与するのである。もし、所与のものを意のままに使用する探偵の自由が、なんらかの制約に服しているとすれば、自分の理論の正しさを解き明かす試みはなしえないであろう。変装能力とは、探偵がけっして存在者の限界に突き当たらないということの美学的な表現なのである。この変装能力が成り立つところにおいては、自我と世界との共在は、超越論的主体が多様なものに対して完璧な支配権を掌握したことを表している。所与の要素が、主体によって指示された連関に統合されることが、実験の条件であり、この条件が満たされてはじめて、実験が可能になるのである。探偵は、思いのままの人物に変身することによって、それ自体で形成され、反復不可能な実在物が存在している圏域に自分がいるのではないこと、いつでも複製可能な対象である人物たちの環境を支配していることを、証明している。たしかに実験は、仮面が探偵を守ることを必ずしも要求しない。だが、彼の変身に対して無抵抗であるというだけで、実験は全体として可能になるのだ。というのは、探偵が証人として、自身は観察されることなく、自分が配置した事象の進行を観察しうるときにのみ、意のままに客体を動かすゲームを妨害する恐れのある影響が、実験の理念が望むとおりに、排除されるからである。

プロセスが成就するためには、実験には偶然の手助けが必要になる。偶然は、探偵小説においては、捜査活動のやり方を左右するだけの心理的な概念などではないし、また、全体の連関を前にしては意味を失うような心理的な概念でもなく、現実性に関わる規定の歪曲なのである。それゆえに偶然は、実験を可能にするとともに、その遂行を容易にし、かつ補足するために、つねに指定される。理念から生じる探偵の行動を支配することはないとはいえ、偶然は、出来事が要求する権利をもたない意義に代わって現れるのである。美学的に言えば、偶然とは、事象としての事象であり、事象があとに残す痕跡であり、その絡み合いである。というのは、事象が合理的な洞察のもたらす連関と合致するために、意図的にあれこれと配置されるとき、もし事象が偶然の産物でないとすれば本来的にその事象に備わっていなければならない意義が、まったく無視されるからである。プロセスの環は、意図に即してたしかに隙間なく配列される。だが、その方法論的な結合が、好都合な偶然——発明者が遭遇するのと同じ「偶然」——に依存しているように、いたるところで、むろんこの圏域において意味が期待されていないところではどこでも、偶然が支配するのである。つまり、偶然は、けっして偶然に導入されるのではない。むしろ偶然は、合理（ラチオ）に服従する領域において、偶然には埋められない隙間を埋めるのである。——探偵によって追求される全体性が、意義の次元にまで達しない自然科学的な諸連関のように、計測可能な時間に秩序づけられた全体のことであるとすれば、偶然は問題にはならないであろう。というのは、多様なものが、因果律にしたがうかぎりで、関連づけられるとすれば、出来事の形成はその因果律の秩序づけに尽きるので、偶然は最初から排除されるからである。ところが、探偵小説において合理的に結びつけられるべき事象は、計測可能な時間の事実に解消しうるような事象ではなく、なにごとかを意図し、それゆえに純粋に因果律的な配列を拒むような行為や内容である。人物たちとその動きは、意義の連関の中にあり、その連関は意義を欠いた因果の連鎖から再構成されることを許さないものである。それらは、個別の意味単位であって、その連鎖は意味を欠いた一般的要因から導出することはできない。それでも、美学的な構成体が、意味を問わない合理的なプロセスの構成要素として、人物やその動きを呈示しようとするとき、この目標は、否定的存在論による固定化、アプリオリな綜合判断として、その意味を失っている固定化を導入することによって、達成されるのである。その一方で、意図されたものが、どのようにして所与から切り離されるにせよ、その意図がプロセスの合理性の中に消滅するというのは、見せかけにすぎない。登場人物たちは、意義に関連づけられた全的人間の歪曲であるので、現実性にまで引き上げる意義それ自体の対応物が、低い領域においても見出されなければならない。全的人間は、意義を有する現実性――彼本来の現実性と世界の現実性――を緊張の中で経験するのだが、この緊張は、彼自身の進展を確定することを許さない。全体性は、全的人間にとって対象ではなく、むしろ全体性の条件によって、彼自身の方向が定まるのである。存在することのパラドックスは、まさに――人間の決断は、問いかけにあるので――どの答えも別の答えを要求すること、したがって、この二律背反的な証言からは、この問いかけに対する答えは生じてこないことにある。完結的な性格をもつ概念は、出来事が意義連関の中に実存的に束縛されている状態を飛び越えてしまうので、現実性に関わる出来事は、そのような概念によっては把握できないのである。意義を有する出来事の進展が自由に帰すると想定した場合、その進展は相対性を脱し、緊張を超えて進んで行くことだろう。出来事の進展の根拠を必然に移すとすれば、その根拠は緊張から滑落してしまい、依然として絶対的な性質をもつことになるだろう。前者の場合は、図式的に言えば、存在しない純粋精神を措定する。後者の場合は、存在するだけではない純粋物質を措定する。どちらにしても、自身を措定することになる。たしかに、一方では相対性を止揚しつつ、自由に自身の目標を規定する進展の境界事例を、また、他方では意味を断念しつつ、因果律にしたがう出来事の境界事例を扱うことができるけれど、人間の中間的存在が属する本来的な現実性は、どんな規定によっても達せられない。どちらの場合でも、緊張の中での存在の部分が、切り詰められるのである。本来的な現実とは、本質に即した、一回かぎりの、有意義な出来事の連関であって、計測可能な時間における意義を欠いた要素の因果的な必然性の結びつきからは把握できない。それと同じように、現実を意味に依存すると捉えて、その意味の中に解消させるような解釈も受けつけない。その展開の根拠は、自律的な意識には開示されていない。というのは、最終者に向かう関係性において以外では、全的人間は現実を見出すことができない。現実性は、緊張においてのみ構成されるからだ。しかし、現実が純粋な意味の連関でもなく、因果的な必然性の連関でもないとすれば、そしてまた、その進展の根拠が絶対者と同一であり、この絶対者が方向づけられた存在者の問いかけに答えることができるとすれば、この根拠は、導きを表す摂理という名、あるいは、生の展開の段階においては、忍従を表す運命という名を担わなければならない。いずれにしても、摂理と運命というふたつの語によって、出来事の道程を条件づけている絶対者を、具象化された原理に変様させることは拒否されている。このふたつの語は——ここでは、このことだけが大切なのだが——現実の連関を統制する力を、同一性の問題に解消しえない統べる力として把握するのである。そして、この統べる力は、関係性の中でしか経験しえないものである。それは、被造物が神的人格の庇護のもとで守られていることを知っているときは、摂理と呼ばれる。闇の中に留まりつづける人が自分の隠された意義に服従するとき、それは運命と呼ばれる。しかし、どのように表出されようとも、それはゲーテのいう意味での「究めえないもの[7]」であり、それを自身の場において認知するためには、それに向かって実存の中で関わりを保たなければならない。そのように根拠が把握されるとき、根拠は現実性において把捉されている。そして、統べる力が人間に割り振られないかぎり、空疎な偶然が支配することはない。

偶然に対して譲歩しはじめるのは、自律性を要求する思惟である。たとえ思惟が、緊張の中で引き受けた出来事の先導役を観念として保存しつつ、内在的連関を意義の次元に向かって指し示すことがあるとしても。現実の根拠への問い、実存の問いかけの中にこそ実存的な答えをもつ問いに対して、カントが与えた答えは、現象世界の因果的必然と叡智の自由である。この答えはたしかに、現実の根拠を、有意義な（つまり自由の働きによる）出来事の全体にも妥当する根拠のひとつとして認めている。つまり、全的人間に妥当する規定、そのつど緊張の中で成就される規定のひとつとしては認めずに、普遍的な原理の中に、現実の根拠を再発見するのである。この普遍的な原理はだが、ただ主体に作用するだけであり、現実を包括することはできない。なぜなら、この原理が包括するのは、合理(ラチオ)だからである。カントの解決法の深みはまさに、アプリオリと存在論的経験とを細心に区分しつつ、純粋理性に加えて実践理性を、必然性に加えて自由を導入し、そうやって現実の根拠を実存的な事象のあり様として再現しようとしているところにある。しかしながら、現実の根拠を自由と必然性とに忠実に翻訳することは、同時にその歪曲でもある。というのは、出来事の根拠は、緊張の中で生じるものであり、この根拠への方向づけのゆえにこそ、自由と必然性の混合であるからだ。根拠を明示する緊張が排除されるという条件の下でないかぎり、出来事の根拠は、二律背反的な概念対にはきれいに分離されないのである。この分離は、自律的な合理によってなされる同一性措定であり、この措定によって、人間自身には規定しえないものが、超越から内在へと引き込まれ、ここで明確に配置されることになる。ところが、現実性は人間が絶対者に関わることによってしか構成されないので、存在することを排除して現実の根拠を解明しても、それは現実を表示することにはならない。したがって、もし現実が意図されているのであれば、根拠の解明は、偶然に対してしかるべき場を保証しなければならない。偶然との関係においてしか到達できない超越的な根拠は、カントにあっては、叡智の自由と現象の必然性とに平坦化されるのだが、それだけでなく、自由も必然性も純粋に主体の規定として考えられている。つまり、普遍的な原理が現実をその手からこぼれ落とすがゆえに忍び込んでくる偶然は、カントにとっては客体の側にあるのだ。因果関係についていえば、カントによれば、そもそも何かが所与であるという事実は、偶然である。カントにあっては、意味総体もまた——他律的で物質的な原理が、この意味総体に法則を与えようとするかぎり——偶然である。『実践理性批判』(第一部、第三節、定理二、注二)には、こう述べられている。「各自がどこに自分の幸福を求めるかは、それぞれに異なる快・不快の感情によってきまるのであり、同一の主観においてさえも、この感情の変化にともなって、欲求が違ってくるのである。主観的に必然的な法則(自然法則として)とはつまり、客観的にはまさにきわめて偶然的な原理であって、異なる主観においてははなはだ異なるものでありうるし、またそうでなければならないものであり、したがってけっして法則を生み出すことはできない……」。そして数行後には、有益な陳述が出てくる。「しかしながら、有限の理性的存在が、かれらの楽しみや痛みの対象として何を想定するかにかんがみて、同時にまた、楽しみを得るために、痛みを避けるために、かれらが用いなければならない手段にかんがみて、たいていは同じことを考えると仮定したとしても、それでも自己愛の原理は、かれらにとってとうてい実践的な原理ではありえないとみなされるのではないか。というのは、こうした一致でさえも、それ自体やはり偶然でしかないであろうから」。

カントが、全体性原理を自律的に措定することによって条件づけて、偶然を存続させるとすれば、ヘーゲルは、彼によって意図された現実を、自己完結する弁証法的なプロセスの強制に服従させるとき、偶然を消滅させるかに見える。現実の出来事の有意義な連関は、厳密な必然性をもって展開される。すべての出来事には、その目標点から認識された物質的・論理的な発展よって、その場が指示されている。ところで、すべて現実的なものは合理的であるという彼の命題は、論理的なものと事実的なものが一致するという想定に由来するのであるが、この命題が正しいのは、彼のいう「理性的であること」が現実に当てはまる場合のみであろう。だが、ヘーゲルは意味総体の連関を創出する原理というとき、自由に訴えるカントの当為を隠匿し、あるいは無効化し、弁証法的な動きと現実とみなされる出来事との同一性措定から生じる必然性——しかも正当ではないところで自分の影響を誇示する必然性——のみを根拠に据えるので、まさに現実——この現実の経験は、現実の根拠への実存的な関わりにもとづいているのだが——が、彼の手からこぼれ落ちるのである。偶然から現実を解き放ったために、ヘーゲルは現実が成り立つ相対性を飛び越え、現実が方向づけされなければならない結末から、この現実を構築するのである。それゆえに、彼が現実的と呼ぶのは、観念と一致する存在者のみである。その一方で彼は、錯誤の現実、悪の現実、「およびこの面に属するもの」が、偶然であると考えている。「……偶然的なものとは、可能なものがもつ価値以上の大きな価値をもたない存在、存在することも存在しないこともありうる存在である」（『エンツュクロペディー』、第一部、論理学、緒言、六節）。だが、それでもって彼は偶然を排除したのではなく、現実を捉え損ねたのである。そのことをキルケゴールは、哲学界から無視されたヘーゲル批判書の中で、簡潔に証明している。「現存在の〈体系〉は」と彼は『哲学的断片』（著作集六巻、ディーデリヒ出版、イェーナ、一九一〇年、二〇三頁）において述べている。「存在しえないものである。ではつまり、そういうものはないのか？ けっして存在しないわけではない。……現存在は、神にとってはそれ自体ひとつの体系であるが、実存に生きる精神にとっては体系ではありえない。体系と完結性は、互いに対応しているが、現存在はまさに正反対のものである。……現存在は間隔を入れるものであり、分断するのである。体系的なものは完結性であり、継ぎ合わせるのである[8]」。キルケゴールの内面性は、ヘーゲルの体系におけるよりもカントによってはるかに正確に把握されている。カントは、内面性の根拠への関わりを、理性からの要請ゆえに、根拠の暴露と考えなければならないのであるが、みごとなほど的確に、根拠への関わりを解消することの不可能さを、その関わりを表示する概念的二律背反へと変換するのである。カントにとって所与の偶然性が可能であるだけではなく、現実でもあるとすれば、偶然を現実に関連づけるカントの方が、偶然を可能なものの領域に追いやるヘーゲルよりも、現実に対してずっと公正である。

もっとも、合理（ラチオ）が無意義さの中に消失するとすれば、必然性だけが、意味を意図しない内在的連関の中に残りつづけることになる。すると、カントの叡智の自由も、因果的につながれた現象世界には介入せず、意味総体も、弁証法的なプロセスによって規定されないので、本来の現実は、たんなる偶然にゆだねられる。つまり、合理（ラチオ）によって構成された連関に、もはやまったく合一しないのである。出発点においての探偵小説は、この完成した現実性欠如を明示しているのだが、このことは、探偵小説が核心的な行為から意義を奪い、自身の意図に即してのみ有意義な出来事を、偶然の支配に服させることによって示されるのである。

　探偵小説において、合理的なプロセスが身にまとう自己目的の性格は、明白に肯定されることもまれではない。理論家カール・レルプス（前掲書）は、あるところでこう述べている。「自己の能力に自信をもつ名探偵にとって、世界はせいぜい冒険の源泉でしかなく、犯人追及は自己目的になり、神経を高揚させるスポーツになるだけだ」。シャーロック・ホームズは、ずばりと言ってのける。「私はこの遊戯（ゲーム）を遊戯（ゲーム）のためだけにやっている」（『瀕死のシャーロック・ホームズ』、一七〇頁）[9]。現実性の中で人間を「上」と関連づけるつながりの仕事は、低い領域においては、堕落した合理（ラチオ）の仕事に対応しているのだが、このつながりは意義というものを知らない。もし探偵自身が、美学的な構成物の超越化に際して、緊張の中で経験可能な秘密――この秘密は、適切でないカテゴリーの媒体の中にあっては、直接の出会いを奪われている――を意図しないとすれば、そしてまた、探偵によってむしろ高次のものが意図されながら、探偵がそれを遮るとすれば、彼はつながりをつけるのでも倫理的なものを表すのでもなく、たんなる無差異にすぎない。そして、意図するものとしての探偵が呈示すべき「だれ」と「なに」は、方法論的な実体のない「いかに」の中に埋没するのである。オーギュスト・デュパンにしてもシャーロック・ホームズにしても、事件に取り組むたびごとに、その前に方法の呈示に役立つゲームふうの思考演習をやってみせるのは、それなりの理由があるのだ。「でもどうしてまた、トルコなのかね？」とホームズは、部屋に入ってくるワトスンに尋ねる。[10] ワトスンにはなんのことかわからず、質問は彼の靴のことだと考える。この靴は、オックスフォード街のラティナーの店で買ったものだ、と彼は答える。つまり、英国製であると。ホームズの方はといえば——彼は「寛容な忍耐」を表情に浮かべてほほ笑む。彼は眠そうな笑みを浮かべて、呑み込みの悪い自分の衛星君に一連の考察を披露する。この考察はいやおうなく、ワトスンが今朝、トルコふうの風呂を使ったあと、馬車に乗ったという結論にいたらせる。いつものように、ワトスンはあとからすべてがきわめて明快であることを悟り、それから本来の物語が始まるのである。この種の前奏曲は典型的であり、事件の謎解きのもつ事実的な意味を無効化する。つまりそれらは、犯罪を解明するために探偵が投入されるのではなく、探偵が多様なものの連関を打ちたてるために、犯罪が生じることを美学的に証明しているのである。探偵自身が人格化する合理（ラチオ）は、存在の根拠から切り離されていて、それゆえに存在を志向することができない。合理（ラチオ）は自身の意図のままにあらゆる意味を削除し、ありはしない「なにかあるもの」の連関を生み出す方法、なにをも処理しない処理手順の方法でしかなくなる。

方法の優先を示す好例は、第一次大戦後にスチュアート・ウェッブス・シリーズ[11]の一作として、ドイツで上映された映画『アマチュア探偵』である。ウェッブス（エルンスト・ライヒャー主演）はその中で、抜け目ない犯罪者——いわば探偵の天才である——はどんな追跡者からでも容易に逃げおおせるというテーゼを立てる。そして、異議を申し立てるクラブ会員たちと賭をする。それは、彼自身が二四時間という限られた猶予をもらえれば、かれらの前から隠れていよう。どんなにおおぜいの追っ手をかけてもいい、というものである。彼は立ち去り、目撃されず、彼の本質に属する魅力を発揮して勝利を手にする。——この「事件」は「なに」に対する「いかに」の勝利に、栄光をもたらすだけではない。それはまた、探偵小説においては、ユーモアにひとつの任務が課せられていることを証明している。つまり、合理（ラチオ）によって遂行されるプロセスの独裁と、すべての意義からの独立性とを美学的に告知するという任務である。探偵小説が固定した類型に発展する中で、ユーモアにはますます大きな役割が付与されるようになった。ユーモアは犯罪者からそのリアリティを奪い、状況の無気味さを打破し、出来事に合理（ラチオ）のためだけに用意された遊戯（ゲーム）の性格を与えるのである。ユーモアがここで引き受ける機能は、ユーモアの存在規定としての意味から導き出すことができる。実存的なイロニーが、相対的存在者に相対性の意識が表明される形式であるのに対して、実存的なユーモアは、相対的存在者が相対性の意識にもかかわらず、自身を強固にする形式である。ユーモアの根底には、絶対者に対する相対者のもつ限界についての洞察、有限なものと無限なものとの対立についての洞察がある。ただし、絶対者にどのような意義を認めるかは、美学的にはとりあえず重要ではない。ユーモアは、現実を構成するこの対立を、悲劇として——ユーモアに、自身の悲劇性の認識が含まれうるとしても

――経験するのでもないし、またその対立から、救済が準備されているという確信を受け取るわけでもない。――むしろ、ユーモアはこの対立の認識から、不完全で不適切な有限的存在者へと立ち戻っていく。ユーモアは、この有限的存在者を、とにかくそういうものであって、しかも絶対者に由来するものであるがゆえに、そのあらゆる限定性も含めて肯定するのである。イロニーが、絶対者として振る舞う存在者の確かさの仮面を剝ぎ取り、その確かさを排除するとすれば、ユーモアは存在者に、その相対性にあって所有する権利をもつ確かさを与えるのである。イロニーは、他のだれも直視しない絶対者の眼前にあることを知っている。ユーモアは有限なものに顔を向ける。なぜなら、その背後に無限性が潜んでいることを知っているからだ。イロニーにしてもユーモアにしても、存在者を遮断する境界を認識しているが、この境界に対して異なった態度をとるのである。イロニーは、盲目的な滑稽さに対して「ここ」と「あそこ」を隔てる深淵を開くときだけしか、笑みを浮かべない。ところが、ユーモアの方は笑いを心得ている。というのは、ユーモアにとって滑稽さは、存在者が境界のこちら側にあることとの確証であるからだ。もっとも、キルケゴールは別の判断を下している。彼は、イロニーにはユーモアよりも低い格づけを与えている。彼によれば、イロニーとは、美学的なものの直接性に、倫理的な意識を仲介すべきものであるが、一方のユーモアは、宗教的な圏域の手前の最終の内在規定であり、また倫理的なものをも包摂している(12)。これは、キルケゴールの現象学が、信仰の不条理性という核心的なカテゴリーと結びついていることから生じる段階づけである。――絶対者への飛躍を最終とするのではなく、時間における絶対者の一回かぎりの出現という信仰を最終のものとするカテゴリーとの結びつきである。だが、信仰の飛躍が敢えてなされるところでは、イロニーは後退しなければならない。なぜなら、この飛躍によって、境界の意識は拭い去られるからだ。キルケゴールの意味でのイロニーが、美学的な領域の直接性を狼狽させる——ただし、それでもってパラドックス的に信仰を指し示すわけではない——倫理的な規定として機能するとすれば、イロニーはユーモアのように宗教的な圏域にまでは達しない。ユーモアは、キルケゴールによれば、存在の苦悩をジョークの形で取り消しつつ、降参するのである。

ところで、キリスト教信仰のパラドックスをいまだ内包していない緊張の概念によって現実が輪郭づけられるほかないとすれば、形式的な境界規定が、キルケゴールの実質的な区別に取って代わることになる。この形式的な境界規定は、イロニーとユーモアを、ただたんに実存的な行動様式として特徴づけるのだが、存在圏域の内部にその場を固定化することは断念する。この固定化は、絶対者との肯定的な関係性の中でのみ、可能となるからである。探偵小説におけるイロニーが、イローニシュに逆転に導く者のもつ最終的な不確かさに由来する存在態度ではありえないことについては、すでに言及した。相対者からの絶対性の要求を揺るがすことなく、イロニーは探偵による警察の愚弄となるのである。合理(ラチオ)が意義に背を向けるとき、ユーモアもまた、その意義を逆転させなければならない。合理(ラチオ)は、みずからを解き放つことによって、存在者を破壊しようと努めるので、存在者にとっては、実存的な意味を担って登場することは許されないのである。じつは、この実存的な意味の任務は、相対性の中にある存在者を、その相対性にもかかわらず、根拠づける絶対者を知ることから出発して、存在者を肯定することにあるのだが。絶対者は、探偵小説においては合理（ラチオ）自身である。ユーモアが緊張の現実性の中では、存在者の起原である「上」へと成長するとすれば、低い領域ではユーモアはすべての存在者を機能化する原理に奉仕するものとなる。ユーモアは、低い領域において、所与の事象のリアリティを否定する。そして合理（ラチオ）こそが、この所与の事象から、まずもって対象を創出するのであり、その相対性にもかかわらずひとつの存在者である現実を、被造物として承認するのではない。——これらの物象の意味的重みが止揚されることによって、重点はますますもって合理的なプロセスに移される。いまやこのプロセスは、所与物の意義内容によって妨げられることもなく、純粋にそれ自身で展開してゆくように見える。——このプロセスがどのようなものであれ、なんらかの異質な目的に服従しないものであることは、とりわけその解決が証明している。典型的な探偵小説においては、つねに失望させられる解決である。たとえば、シャーロック・ホームズほどの探偵を動かす秘密が、結局（ラーストアンドリースト）のところ、それ自体はなんの変哲もない、ありきたりの事実であることが明らかにされる。モラルふうの教訓にしても、ごくまれにしか、あるいは、ほんのついでに引き合いに出されるにすぎない。連関の理解に必要な解明が与えられれば、犯人の行為から生じてきた結果は、些細なこと（アン・バガテュ）として扱われる。彼の内面の運命が問題にならないことは、当然のなりゆきである。しかしながら、正義の腕が彼を捕縛したかどうかさえ、知りえないことがけっこう多いのである。無関心へと沈み込むこの結末は、合理（ラチオ）による存在——つながりが志向する存在——の歪曲である。存在の表出、これこそが緊張の中で待ち望まれるものである。その熱望は、最後に内面性が純粋に、かつ名指されて現れるときはじめて、結末を迎えるであろうが。関係性の意義は「上」との結びつきであり、本質の顕現である。人間に許されるかぎり、秘密を糧として生きるために、一枚ずつ自分の皮殻を剝ぎ取っていく、新たな人間の出現である。生成それ自体ではなく、生成する存在にこそ、本来の意味がある。道が、つながりの中で姿を現す魂の道でないならば――その道はだれも辿るものもなく、どこへも導くことはない。浄化は、浄められた人を意図し、回心は、回帰した人を意図する。成就を保証するのは変様した本質であって、変様のプロセスではない。問われるのは、行為の担い手であり、空疎な行為ではない。それゆえに、つながりは自己目的ではなく、存在に関わる。存在がつながりから生まれ、行為の中心となるのである。合理（ラチオ）は、絶対性――もっとも、所与の歪曲によって自分自身まで破壊しかねない絶対性であるが――の中に存続するために、存在者の抵抗を打破しなければならないので、なんらかの実体につなぎとめようとするものを、みずから導入したプロセスから排除するのである。だが、この空転の美学的な明示は、探偵小説が、その出発点に固執しているかぎり、なんらかの意義を吹き込むことができるような完結を、このプロセスに与えないことに尽きるのだ。覆いを剝ぎ取られる諸事実の陳腐さは、プロセスの意義が、無意義な内在的連関の生産に尽きること、また、合理（ラチオ）が「なにかあるもの」（有）の根拠の高みに昇るとき、つながりの中に現れる本質が、空疎な味気なさに譲歩することを、はっきりと証明している。連関の部分でしかない事実、内容をもつ存在ではない事実の中に、合理的な行為がまさに音もなく埋没することほど、この行為が意味から切り離されていることを、如実に立証するものはない。モラル的な効果を含めて、事件から生じる――もしかしたら意義の次元に関わるかもしれない――すべての結果が、無視されることもまた、それを証している。プロセスは、結末にいたってふっと消えてしまう。もちろん、それは要請されたことなのだ。というのは、たとえ成就が目配せをしたとしても、プロセスはプロセスとして成就しえないであろうし、目標が与えられたとしても、そもそも目標など知らない進行の中で、その目標を見出すことはできないであろうから。

探偵小説の核心をなす行為＝筋(ストーリー)に応える感情は、まさしく緊張感(サスペンス)の感情である。敵対者たちの闘いが緊張感を生み出す。緊張感とは、どのように秘密が解明されるのかについての不確かさである。探偵小説の名作は、読者が息もつがずに作品を呑み込み、絡まった糸がきれいに繰り出されたときになって、ようやくひと息つけるようになることを、おのずから要求するのである。そのような緊張感(サスペンス)の無内容さは、「上」の方へと緊張させられた人間の心理形態から派生してくる。「上」に向かって方向づけられた人間は、全霊をもって関係性の中を生き、そして秘密に対するその時々の関わり方に応じて、絶望、熱狂、至福のあらゆる階梯をわたり歩くのである。この心の配置の意義は、「上」から規定される。その出現は、内在の法則にしたがうのではなく、全的人間であることの状況に拘束されている。そして、この状況はつながりをつけられたあり様から生じてくるのである。いずれにしても、決定的であるのは、「上」へと緊張する魂の全体が、関係性において生起する出来事の対応物を形成するのであって、心理的な緊張の感情ではないということである。人間としての相対性の結果、意味が存在論的な固定化に凝固するとき、〈心理能力〉もそれに合わせて固定化し、ある種の意義内容には、一定の心理的意味づけが一義的に付与される。合理(ラチオ)が解き放たれる度合いに応じて、魂(ゼーレ)は意図されたものから切り離されてゆく。そして、傲慢にも意図されたものの戯画化の基礎づけを行うか、それとも、純粋な内在的諸関係の悪無限の中に飛散するのである。カントにあってはそれでもなお、魂は定言命法に定式化された「上」に向かって、敬意の感情を示すこともあるかもしれないが——この敬意の感情は、他律的な相対性から逃れたただひとつの心理形態として、ここに残存している——合理的な原理の疎外化が進行するにつれて、そうした魂の部分形成物からも指示力が奪われ、空疎な遊戯（ゲーム）にゆだねられる。それゆえ、つながりの代わりに合理（ラチオ）を投入する探偵小説において、そのストーリーの美学的な質が緊張感の度合いによって測られるのも、当然のことである。「上」に向かって緊張する満たされた魂は、探偵小説においては、一次元的な緊張の中で満たされた魂の空疎な形式となる。現実性を生きる存在者を解き明かす全的人間の緊張は、緊張しない者の緊張感（サスペンス）に席を譲る。この緊張のない緊張感だけが、合理的な進行になお妥当するのである。前者の緊張が、パラドックス的に内在を超えて伸張するのに対して、後者の緊張はパラドックスを否定しつつ、純粋に内在的連関の創出を志向するのである。つながりは魂の全体を要求するが、無に陥落した合理（ラチオ）は、緊張する魂ではなく、魂のない緊張しか要求しない。それは、内容を奪われた形式、方向づけられた者としての実体を欠く方向性である。合理的な行為に割り振られたこの緊張は、実存的な緊張から生まれるような、有意義な感情ではない。それは、魂を取り外された人物の中で生起する事象の内在・時間的な進行の反映である。より正確にいえば、生産プロセスに相応する魂の形式であり、その中で魂の内容は消失するのである。

小説において探偵の遂行するプロセスの手順に割り振られる地位からして、この手順は、合理（ラチオ）の自律性にもとづく哲学体系――おのずからそのように見える――の美学的な比喩になる。その一方で警察は、美学的には現実の方から現れるような体系（システム）をなしている。合理（ラチオ）に刻印された世界において、探偵は合理（ラチオ）の人格化であるので、この世界の要素はひとつ残らず彼に服している。だから、それらの要素を配列するにあたっては、なんの抵抗も受けない。探偵が活動するこの世界は、彼の世界であり、彼にぴたりと当てはまり、彼とともに与えられたカテゴリーにとって、意のままに使える材料である。固有名を取り外されたこの世界は、関連づけをもたない合理（ラチオ）に歩み寄る。完全に自分自身に到達した合理（ラチオ）は、発端と結末を造作なくつなぎ合わせることができる。なぜなら、その間にはなにもないからだ。各々の事件の解決は、観念的な体系の美学的な表出である。この体系は完結しているので、その中では「プログレスス・アド・インフィニトゥム」（無限進行）が成就するのである。ただもちろん、この比喩は、合理（ラチオ）が沈下する無意味性という点で、意義の次元を指し示すあらゆる哲学体系の必然を度外視して、観念体系の類推としてのみ、せいぜい意義とは疎遠な内在的連関を構築するにすぎない。探偵の行為は、なにも処理する必要がないので、純粋に展開する体系、すべてを失っているので、すべてを獲得する体系を反映している。不条理（アブズルト）に徹底して考えられたこの体系とは違って、警察によって体現される体系（システム）は、この体系にふさわしくない世界で展開してゆく。――現実の世界ではないが、合理（ラチオ）によって空疎化された世界であり、現実の世界の陰画である。それゆえに、現実の世界で起こるかのように、この世界は警察の体系を限定するのだ。警察の機構とこの体系との類推（本書七三頁以下参照）から証明されるのだが、探偵が警察機構を貶めることによって、この機構は、明快な体系が現実に対するのと同じ状況に追い込まれるのである。関係性の中で聴き取られる指示が合法性へと硬直化するのは、この指示をなんらかの一般原理に解消することに相応する。そして、この一般原理をどのような形にせよ適用することは、存在することのパラドックスの排除を前提としている。合法的な規定から直線的に空転へと進行していく警察の恣意的な活動は、現実に対して、現実を意図する体系の構成物と同じ態度をとるのである。体系のもつこの不適切さを美学的に表出するとき、この不適切さが、現実との比較から生じるのか、それともその模写像との比較から生じるのかは、問題ではない。探偵小説において、刑事警察が解き明かしえない所与の事象は、合理（ラチオ）に順応させられた多様性である。警察の慧眼が破綻するのは、ひとえにこの慧眼が、探偵のそれのように絶対ではないからである。合法性を代表する警察が、それ自体として小説の中では探偵よりも——探偵小説が（その出発点において）合理（ラチオ）の介添えを表現しているかぎり——具体的であるとしても、非現実に対する警察の態度は、現実に対する体系の態度とまったく合致している。警察にしても体系にしても、どちらも世界を把握することを意図し、共に同じように失敗する。ただ、前者の場合は、現実の世界が消失することによる。なぜなら、その全体性が問われるからだ。そして後者の場合は、非現実の世界から、全体性が抜け落ちるのである。成就したものが見せる鏡像的な相違——一方は現実性であり、他方は探偵の領域である——はあるにしても、それらが未成就のものから、ひとつの意味において区別されることに変わりはない。合理（ラチオ）の底なしの無は、合法性によって相対化された（警察の）知性を撥ね返す。

それはちょうど、関係性の中で問われた絶対者の答えが、体系の形式的な原理を撥ね返すのと同じなのである。探偵の展開する、霊感に鼓舞されたプロセスが、警察の活動に対抗するように、決断と甘受にもとづく全的人間の認識は、体系的な構成物に対抗するのである。

訳注

〔1〕「それ（エス）」は、マルチン・ブーバーが『我と汝』において区別した〈汝＝世界〉と〈それ＝世界〉の対立を踏まえていると思われる。クラカウアーは、『探偵小説』執筆後の一九二六年に『フランクフルト新聞』に発表した『ドイツ語訳聖書』（『大衆の装飾』所収）では、この対立のはらむイデオロギー性を批判的に論評している。

〔2〕原文では『アリバイ』。〈探偵〉の章の訳注8を参照。

〔3〕原文（progresus ad indefinitum）どおりだが、他の箇所では「プログレスス・アド・インフィニトゥム」（progresus ad infinitum）となっている。

〔4〕アバシッド朝のバグダッドのカリフ。七六三？～八〇六年。文芸を愛好し、正義を広めたとされる。『千一夜物語』に語られる。

〔5〕ゴットフリート・ケラー（一八一九～一八九〇年）の作品『騎士ツェンデルヴァルト』（一八八九年）。

〔6〕『シャーロック・ホームズ　最後の挨拶』（新潮文庫版）所収の『瀕死の探偵』。

〔7〕たとえば、ゲーテ『箴言と省察』にある「思考する人間の至上の幸福は、究めうるものを究め、究めえないものを心安らかに崇敬することである」などを参照。

〔8〕『哲学的断片への結びとしての非哲学的あとがき』、キルケゴール著作集7（白水社）。

〔9〕『瀕死のシャーロック・ホームズ　最後の挨拶』は『シャーロック・ホームズ　最後の挨拶』のドイツ語版のタイトル。

一九一七年出版。該当の箇所は『ブルース・パティントン設計書』の一節「私はゲームのためにゲームをするのですよ」。

〔10〕『シャーロック・ホームズ　最後の挨拶』（新潮文庫版）所収の『フランシス・カーファクス姫の失踪』。

〔11〕エルンスト・ライヒャー（一八八五～一九三六年）が、ジョー・マイ（一八八四～一九五四年）の協力のもと、一九一四年にスタートした探偵映画シリーズ。爆発的な人気を獲得した。一九二六年までに三〇本が製作された。

〔12〕キルケゴールの圏域論において、イロニーは美学的領域と倫理的領域の境界線、ユーモア（フモール）は倫理的領域と宗教的領域の境界線とされる。キルケゴール著作集9『哲学的断片への結びとしての非学問的あとがき』。〈圏域〉訳注〔2〕参照。

結末

探偵小説の結末は、合理(ラチオ)の正真正銘の勝利である——悲劇のない結末であるが、キッチュの美学的構成素である感傷性と溶け合っている。最後に探偵が闇を照らし、陳腐な事実を遺漏なく解明しないような探偵小説はない。ごくわずかに、どこかの恋人たちが結ばれないままに終わるものがあるぐらいだ。そうした結末のみごとさは、美学的な媒体において、メシア的終末を戯画化しているのだが、終末が指し示しうる現実性との関連づけをすることはない。方向づけられた人間にとっては、「ここ」の世界が、そこには与えられていない救済を必要としているのだが、彼は現実性の終結点においてはじめて、超現実的な救済を経験するのである。彼自身は終結点にはいなくて、そこに向かう緊張の中にあり、中間の領域に生きているが、その国自体が彼の生ではない。現実性は分裂であり、葛藤である。開こうとする者にとって開かれてあるものであり、所有でもあり、同時に非所有でもある。分離されたもの——かつ、和解させるべきもの——が存在するときには、和解は予感として現れるかもしれない。そうでなければ、和解の現実性は空疎な響きでしかない。それは見通されないときのみ目に見えるものであり、現実のかなたにあるときのみ、現実性である。その始まりの前にあるのは存在であり、生の投入であり、その生は絶対者に囚われ、かつ相対から切り離されていない。存在することの悲劇がまず、和解の前にある。現実性が、完全なるものとの関係性の中にしかないがゆえに、完全なるものは実現しえないという、人間としての根本的悲劇。この悲劇の経験こそ、現実性の表徴（しるし）であり、それゆえに、決断が要請され、救済は授けられるものとなる。挫折する者に救済は待望され、破綻することなく救済を待望する者は挫折する。なぜなら、現実性の中に踏み込む者のみが、超現実のものによって把捉されうるからである。彼岸的なものを先取りしようとするならば、ただ絶対者の中に消滅するだけにすぎず、絶対者との関係性の中で自分を獲得しえず、また関係性に合一することもないであろう。存在をやり過ごし、追求すべき目標の前提を破壊するだけであろうし、その目標は幻影となって消え去るであろう。

　結末があるとすれば、悲劇があるところにしかない。このことを経験するのは、まだ人間の領域に属するが、メシア的救済は、人間の現実性には属さないか、あるいはたまたま紛れ込んでくるものでしかない。たしかに、メシア的救済のために現実性が霧散させられるならば、救済もまた霧散するだろう。メルヘンの中では、実際にメシア的なものが成就として侵入してくることがあるが、それはしょせんメルヘンにすぎない。（編注）探偵小説が完結的な内在哲学と合致している点は、探偵小説が現実性を欠いた結末を内包していることである。探偵小説は緊張を排除するので、実存的なパラドックスを回避する。合理（ラチオ）は小説の中で自身の権力を表明するので、その権力を証明する最終的勝利があらかじめ定められている。行為と無行為の絡まりから生じてくるのではない。勝利が出来（しゅったい）しなければならないように、行為が遂行される。問いの中に留まるのではなく、あらゆる問いから解き放たれた確かさとして振る舞うのである。勝利は、それを先取りして生きていない者たちには当てはまらず、探偵にのみ付与される。勝利は探偵の此岸性の中で、つねに意識されている。哲学における自律的な思惟は、自身によって遂行された同一性措定の力をもって、現実にいちども踏み込んだこともないまま、傲慢にも結末を所有する権利を主張する。カントの後継者によって一次元化された超越論的観念論は、たしかに（美学的な媒体において）悲劇性のカテゴリーを認めてはいるが、確かな結末に導くプロセスを構成する部分として、それらのカテゴリーを位置づけるのである。悲劇はこのプロセスにとって仮象となる。というのは、悲劇が現実性をもつのは、不確かな決断が唯一のもの、最終のものを意味するときに限られるからであり、また、最終のものが、この決断の結末以外の結末を意図しないからである。その一方、関係性から離脱する観念論の思惟は、関係性の中でしか見通せないものを除外する。この思惟は、人格的な投入をどう考慮し、どう勘案するにしても、存在から関係性につながる出来事を奪い取り、出来事を結末に向かう道程の段階としてのみ理解するのである。

だが、観念論はこの道程を規定することによって、自身がその道を歩むことを阻むのである。なぜなら、現実に向う目標が確かさであるとき、現実は消失するからである。自身の中に完結を有するとみなす思惟はすべて、狭い意味での観念論と同じ態度をとる。非合理主義もまたそうである。非合理主義はたしかに、自律的な理性の措定に対して、掌握不可能な生を持ち出して対抗するのだが、それゆえにこそ、この生を結局のところ原理的に包括しようと努めるのである。観念論の「心に太陽を持て」といったスローガン〔1〕――これによれば、恐ろしい暗雲にもかかわらず、鳴り物入りの栄光の結末が近づいているのだが――を提出しようが、あるいはまた、ショーペンハウアー＝ハルトマン流の悲観論〔2〕が、その逆を予言的に表明するかわりに、体系的に措定しようが、無階級社会の始まりが内在的必然性へと歪曲されようが、いつでも「ここ」と「いま」が放棄され、ある結末が規定される。だが、結末とは現実性を規定とするはずのものなのだ。最終のものを関係性を欠いたまま把握することによって対象化することこそ、この最終のものを人間的な諸条件――その到来は、この条件のもとにあるのだ――から奪い取るのである。最終のものの到来があるとすれば、それは、踏破された不完全な現実の終結点、その到来を意図しているかもしれない不完全な現実の終結点として出現する。終結の到来についての証言は、不確かであり揺らいでいる。その証言の振る舞いは、主観的で恣意的な要請のようでも、客観的に固定された認識のようでもない。むしろ、その証言は告知、あるいは呼びかけであり、そのようなものとして、存在の途方もない投入によってのみ、語りうるものである。メシア的なものが人間としてのつながりの中に繋留しているがゆえに、完結的な思惟はせいぜい、関係性の中で把握される終末の断片しか絶対化することができない。この思惟は、終末の不可視性を不透明なまま取り出し、その不可視性そのものを終末と宣言するのである。そして、最終のものへの道程を、最終のものとして宣告する。あるいは、王国の秩序を関係性――この秩序は関係性の中でこそ現実性をもつのだが――から引き裂き、その秩序をありのままなんの屈託もなく所与のものとして受け入れる。この先回り、措定の形をとって現れる力ずくの圧迫は、観念論的思惟の徴標である。この思惟は、結末から始まるのである。それゆえに、いつも発端から仮象的現実を貫通して、結末にまで進撃することができるのだ。

キッチュは、このような占領によってメシア的なものが経験する歪曲を、美学的な領域において反映している。メシア的なものの歪曲は、なんの現実も先行しないまま、キッチュが和解的な結末を迎えるとき現れるのである。内面性を無視しながら体系に完結――この完結の関係性を欠いた発端から、体系は生じてくるのだが――をもたらすどんな哲学にしても、哲学だからといって実存的な意味の重みが増すわけではない。そして、結末において、事情通にとってなんの驚きも意味しない調和（ハルモニー）が生み出されるとき、映画の中の荘厳な場面（母親の墓前とかクリスマスの祭日）で鳴り響くのと同じ鍵盤楽器（ハルモニウム）の演奏が始まるのである。この哲学の諸学説とキッチュの唯一の違いは、それらの学説が本来的なものを意図しながら、それが成就しないのに対して、キッチュは成就を見出すのだが、ただ成就するということだけに、本来的なものが意図されているという点にある。だが、結末の措定は、思弁的観念論においても、探偵小説の美学的な屈折においても、人格的な投入にもとづいていないので、感傷的である。というのは、この措定は和解に属する感情に訴えながらも、その感情に現実性を付与しないからである。感傷性は、関係性から転落して空転する感情である。この感情は栄養不足のせいで自己充足に陥り、超現実的な結末のハレルヤを、非現実的な諸宗教の中に響きわたらせるのである。感傷性は、本質的には低現実に超現実を表出することから生じるものであり、その核心的な意味からすれば、救済を意図する感情であるが、その意図されたものが欠落しているのである。それは、だれも呼びかける者のない、拡大した魂の木霊（こだま）である。その感情が現実性を獲得するのは、悲劇的なもののあと、かつそのかなたで、和解の微光がほのかに輝くときである。この輝きに、感情は照り映えるのである。試練を経た魂の返す同じような応答もまた、感傷に見えるかもしれない。心は結末の夢を好んで愛撫する。そして、詩人はその夢のもとで時を過ごし、思いのたけを描き出す。それは、涙と笑いのごた混ぜであり、感覚的には解きほぐすことができない。しかしながら、ゲーテもドストエフスキーも、おそらくまたセルバンテスも知っていたこの感傷は、なにか内容のない感情ではなく、圧倒的な出来事の照り返しの中で蠢きはじめる魂の奔流である。ここでもまた、感情は孤独である。なぜなら、その感情が妥当する出来事は与えられていないからだ。だが、現実性の中で成就しなかった流刑者には、故郷が照り映え、流浪の魂が湧き立つ。そしていま、悲喜こもごもに結末の到来を愛玩（シュピーレン）する。この愛玩、人間的なものを関連づけた人々の遊び、目標到達の早合点な有頂天が、探偵小説における感傷性ではない。すべてを明るみに曝し出す合理（ラチオ）は、失われた感情にこう説き伏せる。一点の疑念もない内在的連関の成立と同時に、結末が姿を現すのだと。結末でもなんでもないこの結末は、ただの非現実なものを終結するにすぎないのだから、非現実（イレアル）な感情を呼び覚ますだけである。そして、解決ではない解決は、ありもしない天国を無理やり地上に降臨させるために、土壇場になって導入されるのだ。こうしてキッチュは、最高位の圏域の仮象を身にまとった思惟、現実性を欠落させた思惟の正体を暴くのである。

一九二五年二月一五日了

編注

原稿では、この個所で次の文章が削除されている。芸術が完全性の反映であるという理由から、救済を志向しているという主張が、そもそも妥当であるとしても、その志向が芸術をメルヘンに変えるわけではない。むしろ芸術の主題は、現実性である。芸術は、美学的な領域において、現実性につながりをつけるのである。そして、現実性が救済を目指すものであるかぎり、またその限りにおいてのみ、芸術は救済の反照を呪縛するのである。

訳注

〔1〕ドイツの作家ツェーザー・フライシュレン（一八六四～一九二〇年）の詩『心に太陽を持て』（一九〇〇年）。山本有三の編訳で知られる。

〔2〕カール・ローベルト・エドゥアルト・ハルトマン。一八四二～一九〇六年。ショーペンハウアーの厭世主義哲学を継承し、『無意識の哲学』（一八六九年）において「無意識者」を措定して、その展開する世界は個人の表象（すなわち幻想）にすぎないとした。

訳者あとがき

本書は、Siegfried Kracauer : Der Detektiv-Roman. Ein philosophischer Traktat の全訳である。底本としたのは suhrkamp taschenbuch wissenschaft 297（1979）の版であるが、クラカウアーの没後の一九七一年に刊行が始まった Suhrkamp 社の『ジークフリート・クラカウアー著作集』（Siegfried Kracauer Schriften）第一巻（一〇三〜二〇四頁）に収録されているテクストと同一である。この著作集第一巻には、小説『ギンスター』（1928. 著作集では第七巻、邦訳・せりか書房）を除くクラカウアーの二〇年代の三つの著作、『学問としての社会学』（Soziologie als Wissenschaft. 1922）、『探偵小説』（1925. 本訳書では副題を組み込んで『探偵小説の哲学』としたが、以下、原題のまま『探偵小説』と記す）、『サラリーマン』（Die Angestellten. 1929-30. 邦訳・法政大学出版局）がこの順序で配列されている。ただし、本書の末尾に記されているように、『探偵小説』の原稿は一九二五年二月十五日に完成していたが、未刊のままに残されていたものである。その一部（特に〈ホテルのロビー〉の章）は、クラカウアー自身が一九六三年に編纂した『大衆の装飾』（邦訳・法政大学出版局）に収められている。その際、若干の文言が変更されたが、その個所については本書の〈圏域〉と〈ホテルのロビー〉の訳注で指摘しているので、参照していただきたい。したがって、『探偵小説』の全貌は一九七一年の著作集の刊行によってはじめて明らかにされたのである。

マールバッハのドイツ文学資料館に保存されている〈クラカウアー遺稿〉を調査したD・フリスビイの報告（Zwischen den Sphären. Siegfried Kracauer Neue Interpretationen. 1990 所収）によると、『探偵小説』の原稿の冒頭には、ボードレールの『内面の日記』からとられた断章とゲーテの詩句がエピグラフとしておかれているという。ボードレールの断章はいくぶん長めのもので、フランス語の原文のまま引用されている。以下に、『ボードレール全集第六巻』（筑摩書房）にある該当の個所と、続けて引用されているゲーテのバラード『魔王』からの一行を再録しておこう。

世界は終わろうとしている。まだ存続するかも知れない唯一の理由は、それが現に在るということだ。この理由のなんと薄弱なことか、その逆を告げるあらゆる理由、わけても、世界がこれから先、天の下で何をすることがあるのか？　という理由と比較するなら。――けだし、かりに世界が物質的に在り続けるとしても、それは存在の名に値する存在、歴史辞典の対象となるに値する存在だろうか？　私は、世界が、南米諸共和国のようなその日ぐらしやふざけた無秩序におちいるだろうとか、――ひょっとするとそれどころか、われわれは野蛮状態に返って、われわれの文明の草深い廃墟をふみ分けながら、銃を手に食物をあさりにゆくことにさえなるだろう、などと言うのではない。否。――なぜといって、このような運命、このような冒険は、原始時代の名残ともいうべき、いくばくかの生命力を前提とするものであろうから。情容赦ない道徳法則の新たな実例、新たな犠牲となって、われわれは、それによって生きるのだと信じてきたところのものによって滅びるであろう。機械がわれわれをすっかりアメリカナイズしてしまい、進歩がわれわれの中の精神的部分全体をまるで萎縮させてしまった結果、空想改革家（ユトピスト）たちの血なまぐさい、冒瀆的なあるいは反自然的な夢想のどれをもってきても、進歩の歴然たる諸成果とは比べものにならぬ、ということになるだろう。私は、およそ物を考えるほどのあらゆる人に、生のいかなる部分がなお残存しているか示してくれと要求する。宗教については、これを語ったり、その残存部分を探したりすることは無用と思う、なぜなら、いまさらわざわざ神を否定する労をとることが、この領域で可能な唯一の破廉恥行為（スキャンダル）であるようなしだいだから。私有財産は、長子相続権の廃止とともに実質的には消滅してしまった。だが、いずれ人類が、復讐の食人鬼さながら、諸革命の遺産の相続者をもって任ずる者たちから、食物の最後の一片まで奪いとる日が来るであろう。これとても、まだ最悪の禍（わざわい）ではないだろうが。

ボードレール、内面の日記

いとも楽しき遊戯（シュピール）をお前と遊ぼう（シュピーレ）ぞ

ゲーテ

これらのエピグラフが、『著作集』への収録にあたって落とされた事情はつまびらかではない。また、フリスビイの同じ報告によれば、副題は原稿では「哲学的論考」(ein philosophischer Traktat) ではなくて、「ひとつの解釈」(eine Deutung) となっているとのことである。副題の変更がクラカウアーの意思によるものかどうかは、やはり不明である。たしかに、著作集にある副題の「哲学的論考」というやや硬い用語は、とりわけ「はじめに」において書かれている文体の感触とはいくぶん異なる印象がある。しかも、本書にもよく表れているように、観念論的な体系哲学に対する反感を隠さなかったクラカウアーである。それでも、「トラクタート」という用語は『探偵小説』の全体像をかなり的確に捉えているように思われる。「トラクタート」といえば、おそらくL・ヴィトゲンシュタインの『論理哲学論考』(Tractatus Logico-Philosophicus. 邦訳・法政大学出版局) がまず思い浮かぶであろうが、むしろW・ベンヤミンの『ドイツ悲劇の根源』(邦訳・法政大学出版局、および『ドイツ悲哀劇の根源』講談社文芸文庫) の冒頭におかれたトラクタート論との関連に注目すべきであろう。

ベンヤミンは、「真理の描出」のために「哲学の形式」を鍛えあげる修練の書が「トラクタート」と呼ばれるのは、「たとえ潜在的な形であるにせよ神学の諸対象への指示を含んでいて、そのような神学の諸対象を抜きにしては真理を考えることができないからである。(……) 描出がトラクタートの方法の精髄なのである。方法は迂回である。迂回としての描出——これが実際、トラクタートの方法上の性格である」(翻訳は『ドイツ悲哀劇の根源』による) と書き、さらに中世のモザイク画の描出法と重ね合わせながら「哲学的トラクタートの本来の方法は理念の描出でなければならない」と述べている。これはむろんベンヤミンが自著の方法論を提示したものであるが、そのままクラカウアーが『探偵小説』において展開するトポロジカルな思考にぴたりとあて嵌まることに驚かざるをえない。クラカウアーが下絵として用いているキルケゴールの諸段階論（圏域論）はまさしく中世の教会モザイク画を連想させるし、クラカウアーが本書で意図していることがベンヤミンのいう「理念の描出」そのものであることもまた間違いない。『探偵小説』の副題をだれが付け替えたのかはもはや知るよしもないが、戦後急速に脚光を浴びたベンヤミンの『ドイツ悲劇の根源』のトラクタート論への連想から、「哲学的論考」という名称がおのずと浮かび上がってきたであろうことは想像に難くない。ありえないことではあるが、あたかもベンヤミンがクラカウアーのためにこの副題を付与したかのような気さえするのである。

実際また、クラカウアーの『探偵小説』（少なくとも部分的に）はすでに執筆当時から、緊密な親交のあったTh・W・アドルノ、ベンヤミン、E・ブロッホ、L・レーヴェンタール、W・ハースらに直接送られていたか、あるいはこれらの友人たちのあいだで回覧されていたようだ。クラカウアーがのちに『探偵小説』へと発展する「新しい本」の着想を得たのは、『学問としての社会学』の校正刷を読んでいた一九二二年四月のことだったと、マルガレーテ・ズースマン宛ての手紙に記している(Marbacher Magazin 47/1988)。そこには「最高位の現実性、中位の現実性、現実性からの離脱という各圏域からなる圏域論」と素描されている。一九二三年の一〇月には、レーヴェンタールに宛てて「いま〈探偵小説の形而上学〉を書いている。意図的に極論化した論文だけど、まだ最初の数頁を出ていない。これは社会学的な投射論（Projektionslehre）の例となるだろう」と書き送っている。さらに、翌二四年の六月には「ホテルのロビー」の複写をレーヴェンタールに送って、「これは私の思考の方向を表すものだ」と書き添えている。それからおよそ四〇年後の一九六三年に『大衆の装飾』に収録される〈ホテルのロビー〉の章がこの時点ですでに完成し、友人のもとに送られていたことは注目に値する。クラカウアーとベンヤミンがいつ知り合ったのかは確定することはできないが、一九二二年末ないし二三年であるようだ。一九二四年三月一日のクラカウアー宛ての手紙には、「探偵の分析を私は愉しみにしています。著作の仕事を計画の段階で知らされて、のちにそれが実現して目のあたりにするのは、まれでもあるし、また愉しいものです。私の仕事もそれぐらい捗っていればいいのですが。でも、お渡しできるのは夏ゼメスターになるでしょう」（Walter Benjamin. Briefe an Siegfried Kracauer. 1987）と書かれている。この手紙によれば、ベンヤミンはクラカウアーの『探偵小説』の計画を知っていたし、おそらくまた、六月にはレーヴェンタールに送ったのと同じ章の複写を目にしたと考えるのが自然ではないか。

ここでベンヤミンが「私の仕事」といっているのは、（フランクフルト新聞のための書評とも考えられるが）おそらく『ドイツ悲劇の根源』を指しているのだろう。ベンヤミンは、一九二三年ごろからフランクフルト大学教授資格論文の準備を開始し、この時期は執筆に追われていたはずである。ベンヤミンは『ドイツ悲劇の根源』を一九二五年五月にフランクフルト大学に提出している。すでに述べたようにクラカウアーは『探偵小説』を一九二五年二月十五日に完成させるのだが、その二ヶ月前の一九二四年十一月に、クラカウアーはレーヴェンタールに報告している。「『探偵小説』の仕事を進めている。〈警察〉が終わった。ヘルリーゲルは〈ホテルのロビー〉が気に入らなかったようだ。時代はそれほど否定的じゃないって。私がまるでこの時代のことをいってるみたいにね。彼は解き放たれた合理（ラチオ）に条件づけられた状況をそれほど重要とは考えていないという。この合理（ラチオ）の観念的形象はもっと肯定的に捉えることができるそうだ。まあ、たしかにね。それに文体がえらくわざとらしいだって。分かるだろう、本来的な人々、具体的な人々が私の否定性のアレゴリー画にどんな反応を示すかが。（……）でも、意気阻喪しないで、落ち着いて最後まで書き上げるつもりだ」（前掲 Marbacher Magazin）。クラカウアーがベンヤミンの「仕事」をどの程度知っていたのかは不明であるが、ちょうど同じ時期に、一方がバロック劇のアレゴリー論を、もう一方が探偵小説のアレゴリー論を、あたかも競いあうかのように書き進めていた様子がうかがえるのである。

『探偵小説』の冒頭には、アドルノへの献辞が掲げられている。本書では「テーオドーア・ヴィーゼングルント‐アドルノ、わが友へ」と訳したが、原文ではこれが二行に書かれている。四五年にわたるアドルノとの波乱に満ちた交友関係については、マーティン・ジェイの『永遠の亡命者たち』（新曜社）に収められた『アドルノとクラカウアー、傷つけられた友情に関するノート』の章に詳しく描かれているので、そちらを参照していただきたい。ここでは、アドルノが一九六五年に発表したクラカウアーについての回想記（あるいは小さな評伝というべきかもしれない）『風変わりなリアリスト、ジークフリート・クラカウアーについて』（Noten zur Literatur II）にある記述のいくつかを紹介しておこう。「クラカウアーと知り合ったのは、私がギムナジウムの高学年生のころ、第一次大戦末期だった。私の両親の友人、ロジー・シュテルンが私たちを招待したのだった。彼女はユダヤ系フィラントロピン学校の教師だった。フランクフルト・ユダヤ人の歴史編纂家だったクラカウアーの叔父もそこで教えていた」。クラカウアーとアドルノが知り合ったのは第一次大戦末期とあるが、先にあげたMarbacher Magazinのクラカウアー特集号にも、M・ブローダーゼンのクラカウアー評伝（Rowohlt, 2001）にも、一九一九年となっている。だとすれば、一八八九年生まれのクラカウアーは当時三〇歳、戦時中の兵役を終了したあと、オスナブリュック市建設局の勤務を経て、フランクフルトに戻ってきたころである。一方のアドルノはそのとき十六歳の高校生だった。

「数年にわたって、クラカウアーは私と『純粋理性批判』を読んでくれた。定期的に、土曜日の午後のことだった。私が学校の教師から学ぶ以上のことを彼との読書から学んだといっても、それは決して言い過ぎではあるまい。（……）最初から私は、彼の指導のもとで、カントの著作をたんなる認識理論の書として、学問的に妥当な判断の条件を分析した書として受けとるのではなく、ある種の暗号化された書、そこから精神の歴史的な状況が読み取りうる書として捉えることを学んだ」。ほぼ一〇年後に、アドルノは『キルケゴール――美的なものの構築』（『キルケゴール』所収、みすず書房）を書き、一九三一年にはフランクフルト大学教授資格論文として提出して認められ、さらに改稿を重ねて三三年に出版することになるのだが、先の文に続けて「後に私は、伝承された哲学書と接するにあたって、それらの書の統一性や体系的な整合性に感銘を受けるというよりも、むしろどんなにまとまった教義であっても、その表面下にあって互いに格闘を演じる諸力の運動を取り出すことに努め、典範と化した諸々の哲学を諸力の葛藤する場として捉えることになったとすれば、それはクラカウアーのおかげである」と書いている。このようにクラカウアーへの感謝の想いを率直に記すとき、アドルノは二〇歳代に仕上げたキルケゴール論のことを想起していたのかもしれない。アドルノは自分に捧げられたクラカウアーの『探偵小説』を、二二歳のときに読んでいた計算になる。むろんキルケゴールについては、おそらくすでに二人の間で何度も話題になっていたであろうから、これが直接の契機になったとはいえない。だが、『キルケゴール――美的なものの構築』には、『探偵小説』の冒頭におかれた献辞に返礼するかのように「わが友ジークフリート・クラカウアーへ」と一行で書かれ、その下にはE・A・ポオの『メエルシュトレエム』の一節がエピグラフとしておかれている。対応関係は否定しがたいように思われる。

もっとも、『風変わりなリアリスト』において当時まだ刊行されていなかった『探偵小説』に言及される部分はごくわずかである。だが、その評はクラカウアーの思考の特徴を、やや辛辣な口調ながらも的確に捉えている。「彼の思考は、考えられるべきことが考えられえないという事態を捉えて離さない。そして、この否定性を実体として取り出す。本来の神学的な欲求ではなくて、このことこそ、未刊の探偵小説についての論考――その第一章はいま『大衆の装飾』に掲載されているが――その他において、彼をキルケゴールに結びつけ、実存哲学に近づけさせたのだ。ハイデガーやヤスパースよりもずっと前に、彼は実存主義的な著作を計画しながら、完成させることはなかった（……）」。この言葉は、クラカウアー自身が書きつけた「否定性のアレゴリー画」という特徴づけとも呼応しているし、本書において探偵（および不完全ながら警察）に体現された、体系的思考にもとづく合理的理性（「合理（ラチオ）」と呼ばれる）の否定的側面を指していると考えてよさそうだ。クラカウアーはその後、ドイツ語訳聖書をめぐってM・ブーバーおよびF・ローゼンツヴァイク（先に出てきたヘルリーゲルも含めて「本来的な人々」とは彼らのことだ）との対決に示されているように、実存哲学からは離れていくのだから、実存主義を完成させなかったというのはそのとおりである。だが、アドルノはクラカウアーの思考の先見性を十分に認めながらも、みずから合理（ラチオ）のテーマを継承・発展させて、いわば「完成させ」た合理的理性批判の書、ホルクハイマー＝アドルノ『啓蒙の弁証法』（岩波書店）のことには触れないのである。

しかしながら、『探偵小説』の面白さは歴史的・現象学的な形象物をモザイクの素材として、合理的理性に支配された近代社会の哲学的・神学的なアレゴリー画を組み立てていくその描出法にある。アドルノはこの方法論をクラカウアーの天性のものとして次のように述べる。「クラカウアーがその実存主義的、あるいは社会的な考察をただそれだけの論述として呈示するのではなく、つねに間接的に、しかも好んで外典的な諸現象として描出し、それが『探偵小説』のように歴史哲学的アレゴリーとなるのは、けっしてたんなる文学的気まぐれではない。唯物論に志向する彼の思惟には、いわゆる偉大な精神的内実とか、諸理念、存在論的構造などは、それ自体で存在するのでも、素材の諸層の彼方に、素材とは独立してあるのでもなく、素材そのものと不可分に癒合しているという認識が、最初から刻み込まれていたのであろう。このことが、彼にヴァルター・ベンヤミンの受容を可能にしたのである」。クラカウアー特有の素材へのこだわりと合理的理性批判が、現象物の存在と意味を「読み解き」、全体性を目指す支配構造を見抜いて「解釈」するイデオロギー批判へと進展するまであと一歩である。いや、それはすでに『探偵小説』のなかで行われている。ホテルのロビーは大衆社会の神殿である。そこに集うのは信徒会衆ではなく、「匿名の」社会の代表者たちであり、彼らは「ただあてどなくさまよい」、「そこには目的のない美が成就している」。その背後では、違法な「なにごとか」が蠢きはじめるのだ。そして、キッチュとしての探偵小説は合理(ラチオ)が探偵小説を超越化するとき、支配者としての合理(ラチオ)の仮面を暴くのである。『大衆の装飾』に収められた数々のエッセイにおいては、ティラーガールズのラインダンス、ベストセラー、グラフ写真、娯楽映画、街角に刻まれた秘密の文字を読み解いていくクラカウアー独特の「屑拾い」(ベンヤミン)の眼差しが確立している。この眼差しは、さらにワイマール期中産階級の日常生活の調査『サラリーマン』、第二帝政期パリの社会を背景にジャック・オッフェンバックの生涯を描いた評伝『天国と地獄』(せりか書房)、ドイツ映画における全体主義イデオロギーの進行を暴き出す『カリガリからヒトラーへ』(みすず書房)にまでおよんでいくのである。

クラカウアーの略歴や著作リストをあげることは、ここではやめておこう。邦訳『大衆の装飾』の巻末には、かなり詳しい記述があるのでそちらを参照していただきたい。また、すでにあげたマーティン・ジェイ『永遠の亡命者』の〈ジークフリート・クラカウアーの脱領域的生涯〉という章は、クラカウアーについてのすぐれた評伝である。シヴェルブシュ『知識人の黄昏』(法政大学出版局刊)にも、クラカウアーについての言及が多くあるので見逃せない。一九二五年に完成したとはいえ、未刊のままだった本書について、探偵小説論としての位置付けを与えることは適切ではないかもしれない。だが、まとまった哲学的(あるいは文学的)評論としての探偵小説論では、ポオを翻訳したボードレールの作家論『エドガー・アラン・ポオ』(一八五二〜五七年)を別とすれば、クラカウアーの評論はもっとも初期に属する。探偵小説関係の文献には、F・ロカールの『警察小説と実験室』(一九二四年)があげられることがあるが、これはリヨンの科学捜査担当の警部が著したものなので、やや性格が異なるであろう。H・ヘイクラフト編の『探偵小説の美学』(研究社)には、G・K・チェスタトンの『探偵小説の弁護』(一九〇一年)が最初に掲載されている。クラカウアーは実作者によるこの論文を読んでいたふしがあるが、邦文で四頁ほどの短文である。一九二八年にはセイヤーズのよく知られた『犯罪オムニバス』などが発表されるが、むろんこれも実作者による評論である。学問的な性格を持つ本格的な探偵小説論は、レジス・メサックの博士論文『推理小説と科学思想の影響』(一九二九年)だと思われるが(メサック『窒息者の都市』解説による、牧神社)、残念ながら参照できる状況にはない。探偵小説論では古典とされるH・ヘイクラフトの『探偵小説・成長と時代』(桃源社)の出版が一九四一年であるから、クラカウアーの『探偵小説』がいかに早い時期に書かれたかが分かるであろう。すでに述べたように、探偵小説論としてはきわめて特異な視点と構成をもっているとしても、そして当時は未刊に終わった「幻の著書」であるとしても、やはりこれは特筆に値するだろう。

ドイツ語圏では、一九三〇年にW・ハースが『時代の形象たち』のなかに『探偵小説における神学』というエッセイを書いているが、ハースはベルリンで文芸週刊誌『文学世界』を主宰する文学者であり、E・ブロッホ、W・ベンヤミン、A・デーブリーン、G・ベンらと緊密な交流があった。内容的に見ても〈ホテルのロビー〉と共通するところがあるので、クラカウアーの複写を読んでいた可能性がある。ベンヤミンは『一方通交路』、『ボードレール』（いずれも晶文社）その他に探偵小説に言及する多くの文章を残しているが、アドルノの証言にあるように、関心の共有という以上の感性的な親縁性を感じさせる。やや離れたところにブレヒトの短い探偵小説論があるが、三〇年代末期のものである。E・ブロッホは一九六一年に『探偵小説の形式と哲学』と題するエッセイ（のちに『探偵小説の哲学的見解』）を発表している。「なにかが変だ、これがことの始まりである」という書き出しは、クラカウアーの語り口を想起させるものがある。ブロッホは二〇年代の一時期、クラカウアーと仲違いしていたが、アドルノ、ベンヤミン、ハースらの友人を通じて複写を眼にしていたのだろう。

本書の翻訳をてがけることになったのは、訳者が探偵小説というジャンルにさまざまな方向から関心を抱いて、手当たりしだいに文献を読み漁っていたときに、クラカウアーの『探偵小説』に出会ったからである。だが、翻訳を始めてみると、クラカウアーの独特の文体を日本語に移すことの困難さにあらためて気づかされた。訳文にならない訳文をかかえて途方に暮れたこともあったが、おかげでクラカウアーのアナロジカルな思考のアクロバットを堪能することができた。この哲学的メタ・サスペンスの醍醐味を読者に味わっていただければ幸いである。途中、勤務する大学で難しい問題が生じてさらに遅延することになったが、これは言い訳にはならないだろう。まだ粗い初校の段階で、大学の同僚である初見基氏に目を通していただいて、貴重なコメントを頂戴した。この場を借りてお礼を申し上げたい。むろん訳文の責任は、すべて訳者一人にある。翻訳にあたっては、仏訳の Le roman policier（Payot, 1981）を参照することができた。この仏訳は訳者にとって力強い助っ人の役割を果たしてくれた。訳注についても、いくつか参考にしたことを書き添えておきたい。また、法政大学出版局の秋田公士氏には大学のことも含めて、本当にご心配をおかけしてしまった。さまざまなご配慮に対して、心からお礼を申し上げる。

二〇〇四年一〇月

福本義憲

ベルティヨン　74
ポオ，エドガー・アラン　1, 36, 82
ホームズ，シャーロック（*）　1, 36, 59, 69, 91, 102, 105, 106, 109, 125, 129, 138, 139, 143

マ　行

マン，トーマス　48
ムイシュキン，レフ（*）　111
モルゲンシュテルン，クリスチアン　78

ヤ　行

ユー・ド・グレ伯　78, 80

ラ　行

ライヒャー，エルンスト　140
ラスク，エーミール　66, 119
ラプラス　60
リュパン ,アルセーヌ（*）　108, 129
ルブラン，モーリス　1, 108, 109,
ルルー，ガストン　1, 67, 93
ルルタビーユ（*）　59, 67, 93,
レルプス，カール　58, 100, 101, 116, 138
ローゼンハイン，パウル　1
ロゴージン（*）　111

ワ　行

ワトスン（*）　69, 70, 106, 125, 129, 139

人名索引

原著にある人名のみをあげる．訳注に出る人名は入れていない．
なお，作中人物名には（*）をつけた．

ア　行

アプナー（*）　36
アリョーシャ，カラマーゾフ（*）　111
イワン，カラマーゾフ（*）　111
ウェッブス，スチュアート（*）　139, 140
エルヴェスタ，スヴェン　1, 28, 51

カ　行

ガボリオ，エミール　1, 67, 120
カント　41, 42, 85, 87, 122, 125, 134, 135, 136, 137, 138, 146, 153
キルケゴール　7, 8, 113, 127, 137, 141, 142
クラッグ，アスベルン（*）　36
ゲーテ　133, 156
コリン，フィリップ（*）　109

サ　行

ジェヴロール（*）　119
ジェンキンズ，ジョー（*）　59
ショーペンハウアー　154
ジンメル，ゲオルク　45, 47, 68
セルバンテス　156
ゾイカ，オットー　1
ソクラテス　102
ソルグループ（*）　67

タ　行

タバレ（*）　67, 119, 120, 124, 126
ダルザック（*）　93
チェスタトン　61, 67
チャップリン　16
ツェンデルヴァルト（*）　128
デカルト　123
デュパン，オーギュスト（*）　36, 139
ドイル，コナン　1, 105
ドストエフスキー　110, 111, 156

ハ　行

ハウフ，ヴィルヘルム　36
ハルトマン，K. R. エドゥアルト　154
ハルン・アル・ラシッド　127
フィヒテ　87
ブラウン神父（*）　61
フランス，アナトール　8, 109
ヘーゲル　136, 137
ヘラー，フランク　1, 109
ペルッツ，レオ　67

《叢書・ウニベルシタス　811》
探偵小説の哲学

2005年 1 月17日　　初版第 1 刷発行
2023年11月30日　新装版第 1 刷発行

ジークフリート・クラカウアー
福本義憲 訳
発行所　一般財団法人　法政大学出版局
〒102-0071 東京都千代田区富士見 2-17-1
電話03(5214)5540 振替00160-6-95814
印刷：三和印刷　製本：誠製本

Printed in Japan

ISBN978-4-588-14077-8

著　者

ジークフリート・クラカウアー（Siegfried Kracauer）

1889年、フランクフルト・アム・マインのユダヤ系の家庭に生まれる。ダルムシュタット、ベルリン、ミュンヘンの大学で建築、哲学、社会学を学ぶ。1921年、「フランクフルター・ツァイトゥング」紙の学芸欄編集部に入り、ジャーナリストとして活動。映画、社会学関係の著作を発表。ベンヤミン、ブロッホ、アドルノ、ホルクハイマーを識る。1933年パリへ、次いで1941年にアメリカに亡命。博物館学芸員、ラジオ関係、コロンビア大学などに勤務し著作活動を続ける。1966年、ニューヨークで死去。本書のほか、『歴史――永遠のユダヤ人の鏡像』（邦訳、せりか書房）、『サラリーマン――ワイマル共和国の黄昏』（邦訳、法政大学出版局）、『天国と地獄――ジャック・オッフェンバックと同時代のパリ』（邦訳、ちくま学芸文庫）、『カリガリからヒトラーへ――ドイツ映画1918–1933における集団心理の構造分析』（邦訳、みすず書房）、『映画の理論――物理的現実の救済』（邦訳、東京大学出版会）、『大衆の装飾』（邦訳、法政大学出版局）、小説『ギンスター――クラカウアーの自伝的小説』（邦訳、せりか書房）などの著書がある。

訳　者

福本義憲（ふくもと・よしのり）

1947年、兵庫県に生まれる。東京大学大学院人文科学研究科独語独文学修士課程修了。東京都立大学名誉教授。専攻、ドイツ語学・ドイツ文学。著書に、『はじめてのドイツ語』（講談社現代新書）、『ドイツ語会話110番』（旺文社）、『クラウン独和辞典』（共著、三省堂）など。訳書に、シヴェルブシュ『敗北の文化――敗戦トラウマ・回復・再生』、『ベルリン文化戦争――1945–1948　鉄のカーテンが閉じるまで』、『図書館炎上――二つの世界大戦とルーヴァン大学図書館』、『楽園・味覚・理性――嗜好品の歴史』、ヴァルンケ『政治的風景――自然の美術史』（以上、法政大学出版局）、ハース『きたれ、甘き死よ』（水声社）、フォックス『ドイツ語の構造――現代ドイツ語へのアクセス』（三省堂）、ザックス『自動車への愛――20世紀の願望の歴史』（共訳、藤原書店）などがある。